Dubravko R. Ćulibrk

OTKRIVANJE ZNANJA IZ PODATAKA

(ODABRANA POGLAVLJA)

Fort Lauderdale 2012.

Dr Dubravko Ćulibrk, dipl. inž. elektrotehnike i računarstva
Docent Fakulteta tehničkih nauka, Univerziteta u Novom Sadu

ODABRANA POGLAVLJA OTKRIVANJA ZNANJA IZ PODATAKA – monografija

===

Recenzenti:

- *Dr Borko Furht*, redovni profesor i direktor departmana za Računarstvo, inženjerstvo elektrotehnike i računarstva; Florida atlantski Univerzitet, Boka Raton, S.A.D.

- *Dr Vladimir Crnojević, vanredni profesor Fakulteta tehničkih nauka, Univerziteta u Novom Sadu.*

- *Dr Daniel Socek, nezavisni konsultant i osnivač, Cypherensics LLC, S.A.D.*

Grafička priprema:
Dr Dubravko Ćulibrk, dipl. inž. elektrotehnike

Likovna oprema:
Dr Dubravko Ćulibrk, dipl. inž. elektrotehnike

Fort Lauderdale – novembar 2012.
*Sva prava zadržava autor.

ISBN-13: 978-1480280229
ISBN-10: 1480280224

Mome ocu Ratku, koji me je, na teži način, naučio kako se ovakave publikacije formatiraju i pišu.

Danici, Mini, Nikoli, Luki, Dunji, Urošu, Nađi, Petri i svim ostalim klincima u nadi da će mi oprostiti ako sam mu previše sličan.

PREDGOVOR

Svaka publikacija na temu otkrivanja znanja iz podataka (*Knowledge Discovery*) je, od samog početka, osuđena na karakter odabranih poglavlja. Ova oblast i njoj srodne oblasti eksploatacije podataka (*Data Mining*) i mašinskog učenja (*Machine Learning*) ubuhvataju toliko veliki broj tema, da njihova potpuna obrada izlazi iz okvira proizvoljno opširne publikacije. Monografija koja je pred vama je još više ograničena u svom obimu i primarno je namenjena kao priručnik studentima master i doktroskih studija Fakulteta tehničkih nauka u Novom Sadu. Cilj je da im se pruži tekst na maternjem jeziku, koji se fokusira na metode i tehnike mašinskog učenja čija je primena najviše zastupljena u velikom broju nacionalnih i internacionalnih istraživačkih projekata u kojima autor učestvuje i na kojima bazira praktične primere u nastavi, za koju je nadležan na Departmanu za Industrijsko inženjerstvo i menadžment.

Stoga se „odabrana poglavlja" u podnaslovu ove publikacije odnose na relativno slučajan izbor nastao kao posledica potreba različitih projekata, ali se nadam da će takav pristup učiiti ovu publikaciju zanimljivijom i korisnom široj publici. Prvenstveno svima onima koji tek kreću da se bave ovom oblašću i stručnjacima drugih profila, koji bi želeli da primene tehnike mašinskog učenja za rešavanje problema iz njihove oblasti.

Literatura na srpskom jeziku, iz oblasti otkrivanja znanja i eksploatacije podataka je relativno ograničena i teško dostupna. Pri izboru platforme za publikaciju, vodio sam se željom da materijal bude na raspolaganju što većem broju čitalaca.

Nedostatak literature na našem jeziku takođe prouzrokuje efekat da je tekst prožet engleskim terminima i da su neki prevodi nastali tokom pisanja ove publikacije. U tekstu su termini na engleskom označeni *kurzivom*, a jedini prevod u kome sam svesno odstupio od u domaćoj literaturi oubičajenog termina je eksploatacija podataka (*Data Mining*) jer smatram da „istraživanje podataka" nije prevod u duhu originalnog termina.

Veliki broj ljudi zaslužuje moju zahvalnost za svoj doprinos nastanku ove publikacije. Moram se zahvaliti svojoj porodici i prijateljima. Supruzi Aleksandri, za prvo čitanje teksta i zbog svih propuštenih odlazaka na plažu. Kumu Igoru Šetrajčiću koji je pomogao sa ilustracijama i formatiranjem teksta. Mojim studentima i saradnicima koji su doprineli grafičkim prikazima i delovima prve verzije teksta: Milanu Mirkoviću, Katarini Gavrić, Srdjanu Sladojeviću, Zoranu Đukiću, Goranu Živkoviću, Josipu Zvijercu i svima ostalima koji su svoju pomoć nesebično ponudili. Konačno, veliko hvala recenzentima.

Ft. Lauderdale   *doc. dr Dubravko R. Ćulibrk*

Novembar 2012. godine

Sadržaj

It can scarcely be denied that the supreme goal of all theory is to make the irreducible basic elements as simple and as few as possible without having to surrender the adequate representation of a single datum of experience.

Albert Ajnštajn

Everything should be made as simple as possible, but not simpler.

Moguća parafraza izjave Alberta Anštajna - citat se pojavio u magazinu Reader's Digest u julu 1977, bez navedenog izvora

Uvod

Termin otkrivanje znanja (*knowledge discovery*) se sve više koristi da opiše oblast koje se do skora nazivala istraživanjem podataka ili eksploatacijom podataka (*Data Mining*).

Odnos između otkrivanja znanja, eksploatacije podataka i mašinskog učenja je u najmanju ruku kompleksan i podložan čestim redefinisanjima. Postoji veći broj knjiga, od kojih mogu preporučiti [1] i još veći broj publikacija na Internetu koje se ovim oblastima bave i koje mogu biti od pomoći u razumevanju ove relacije. Za potrebe ove publikacije dovoljno je reći da postoji trend specijalizacije kako se ide od početka ove liste ka njenom kraju, pa se ključne tehnologije u najvećoj meri nalaze u domenu mašinskog učenja. Upravo ove tehnike, tj. odabrani broj njih i primeri njihove primene su predmet diskusije u ovoj publikaciji.

Ako ste imalo poput autora ove publikacije, sada bi trebalo da se pitate: Šta to onda mašine uče i zbog čega? Odgovor na oba dela pitanja ne treba tražiti u mašinama, već u njihovim tvorcima. Mašine uče zbog toga što ljudi smatraju da će na taj način biti korisnije, a to šta uče zavisi primarno od toga šta smo sposobni da ih naučimo.

U tom smislu je naš pristup razvoju mašinskog učenja sličan odgajanju deteta – pokušavamo da ih naučimo rešavanju zadataka koje smo u stanju da rešimo i sa kojim se u životu srećemo. Postoje tri značajna zadatka koja se pokušavaju automatski rešiti primenom tehnika mašinskog učenja i kojima ćemo se baviti u ovom tekstu. Moja dugogodišnja istraživanja u oblasti računarske vizije (*Computer Vision*) su me naučila da dobra slika, zaista može zameniti veliki broj reči, pa ću pokušati da ih ilustrujem.

Pretpostavljam da će se svako složiti da bi svaki sistem koji je u stanju da nešto nauči trebao da može da nauči da „razlikuje babe i žabe". Ovo je možda malo ekstreman slučaj, pa je primer na slici 1 ipak baziran na engleskom ekvivalentu ove poslovice[1].

SLIKA 1 KOLIKO VRSTA VOĆA JE PRIKAZANO I KAKO SE ZOVU?

---

[1] Apples and oranges.

Verovatno ste u stanju da prepoznate i imenujete voće na sa leve i desne strane slike 1. Na slici 2 se nalazi sličan problem. Da li ste u stanju da imenujete voće prikazano na ovoj slici?

SLIKA 2 ZNATE LI NAZIVE VOĆA NA SLICI? MOŽETE LI DA UCRTATE GRANICE IZMEĐU POJEDINIH VRSTA?

Čak i ako niste u stanju da imenujete voće prikazano na slici 1, sigurno možete da ucrtate na slici regione u kome se nalazi različito voće. Ova poslednja operacija predstavlja primer **grupisanja** (*clustering*) koje je jedna od osnovnih operacija koje inteligentno biće može da uradi i predstavlja jedan od osnovnih zadataka koji se rešavaju u oblasti mašinskog učenja. Treće poglavlje se bavi ovim problemom.

Ukoliko ste u stanju da razlikujete voće na bilo kojoj od dve prikazane slike, onda ste u stanju da izvršite **klasifikaciju**. Klasifikacija je drugi značajan zadatak kojim se bavi mašinsko učenje.

Ukoliko sami naučite da razlikujete voće na slici 2 onda učite *bez nadzora*. Kada vam neko ukaže da se na slici nalaze bodljikave kruške (*Opuntia*), mango i japanski parsimom (*Diospyros kaki*), sa leva na desno, učenje se odvija pod nadzorom.

Ako ste upravo naučili da razlikujete nove vrste voća, onda su slika 2 i nazivi dati u prethodnoj rečenici poslužili kao vaš *skup podataka za trening*. Cilj učenja je da se pripremite za situaciju u budućnosti, kada ćete videti primerak jedne od ovih vrsta voća i ono treba da vam omogući da prepoznate tu vrstu voća samostalno. U žargonu mašinskog učenja, kažemo da ste naučili *koncept* bodljikave kruške, manga ili japanskog parsimoma.

Kod sistematskog učenja uobičajeno je da se to koliko ste usvojili neko znanje proveri odmah, ne čekajući stvarnu potrebu za primenom znanja. U našem primeru bi skup podataka, u tom slučaju, trebao da sadrži veći broj fotografija. Nakon učenja, određeni broj njih, koje nisu učestvovale u učenju, bi činio *skup test podataka*.

Ljudi imaju zapanjujuću sposobnost izvršavanja ovih i sličnih operacija na bazi vizuelnih stimulusa. Ovakve operacije su za savremene mašine (računare) još uvek značajan izazov. Sa druge strane, računar, jednom naučen, je u stanju da relativno kratkom roku pronađe sve slike određenog voća među preko 6 milijardi fotografija koliko se danas nalazi na servisu Flickr [35]. Još bolja motivacija za istraživanja u oblasti otkrivanja znanja je činjenica da se ljudski talenat za rešavanje ovakvih osnovnih zadatka, ne prenosi adekvatno u domen tipičnog (alfanumeričkog) zapisa podataka na računaru.

Tabela 1 prikazuje klasičan tabelarni način čuvanja podataka, kakav se koristi u savremenim bazama podataka. Podaci predstavljaju minijaturan skup dizajniran za potrebe upoznavanja sa konceptima eksploatacije podataka i preuzeti su iz [1]. Tabela 1 prikazuje zamišljenu evidenciju o tome kakvo je bilo vreme kada se određena ekipa odlučila da igra utakmicu. Originalni primer se odnosi na golf, ali se može uopštiti primeniti na bilo koji sport.

Da li ste na osnovu podataka u tabeli u stanju da definišete skup pravila koji bi vam omogućio da predvidite koji dani su pogodni za utakmicu, a koji nisu? Toplo preporučujem da u ovom trenutku prestanete da čitate i da se posvetite ovom problemu. Svaki minut koji provedete u ovoj vežbi će vam uštedeti bar 10 minuta u razumevanju ostatka materijala u ovoj knjizi, koji je posvećen metodama i tehnikama namenjenim rešavanju mnogo kompleksnijih problema.

Svaki skup podataka, u formi koja je pripremljena za učenje, se sastoji od određenog broja pojedinačnih primera na kojima učimo – *instanci*. U slučaju našeg problema klasifikacije i grupisanja voća, jedan primer je jedan plod.

TABELA 1 PODACI U STANDARDNOM TABELARNOM FORMATU

nebo	temperatura	vlaznost	Vetrovito	utakmica
sunce	29	85	NETACNO	ne
sunce	27	90	TACNO	ne
oblacno	28	86	NETACNO	da
kisa	21	96	NETACNO	da
kisa	20	80	NETACNO	da
kisa	18	70	TACNO	ne
oblacno	18	65	TACNO	da
sunce	22	95	NETACNO	ne
sunce	21	70	NETACNO	da
kisa	24	80	NETACNO	da
sunce	24	70	TACNO	da
oblacno	22	90	TACNO	da
oblacno	27	75	NETACNO	da
kisa	22	91	TACNO	ne

U slučaju podatka u tabeli 1, jedan primer je vezan za jedan dan i odgovara jednom redu tabele. Cilj metode mašinskog učenja u je da nauči da klasifikuje i grupiše instance. Svaki primer ima određeni broj *obeležja* (karakteristika,atributa) kojima se vodimo kada pokušavamo da izvršimo neki od ovih zadataka. U slučaju ploda to mogu biti njegov oblik, boja, veličina itd. U slučaju primera prikazanog u tabeli 1 obeležja su izgled neba („nebo"), temperatura, vlažnost i da li je vetrovito. I podatak da li je nekog dana igrana utakmica („utakmica") je obeležje tog dana, ali predstavlja ono što pokušavamo da naučimo i neće nam biti na raspolaganju za donošenje odluka, budući da predtavlja činjenicu koju želimo da predvidimo, pa se naziva ciljnom promenljivom ili zavisnim obeležjem. „Prava" obeležja se nazivaju nezavisnim.

Globalno postoje dva tipa obeležja na osnovu kojih možemo da donesemo odluku: kvalitativna i kvantitativna. Kvalitativno obeležje je boja ploda izražena kategorički kao narandžasta ili zelena, kao i obeležja „nebo" i „vetrovito" u tabeli 1. Obeležja kao što su težina ploda, „temperatura" i „vlažnost" su kvantitativna. Kvantitativna obeležja se često nazivaju *numeričkim*, budući da su im vrednosti brojevne. Kvalitativna obeležja se nazivaju *nominalnim*[2].

Primeri zadataka klasifikacije opisani u ovom poglavlju predstavljaju pokušaj predviđanja vrednosti ciljne nominalne promenljive. Poslednji klasičan zadatak koji se stavlja pred algoritme mašinskog učenja se odnosi na situacije u kojima se pokušava predvideti numerička ciljna promenljiva. Ovaj, treći, značajan zadatak u otkrivanju znanja, kojim ćemo se baviti u ovoj publikaciji, se naziva **regresijom**. Tehnike kojima se regesija postiže su od interesa u raznim primenama. Česti su, na primer, sistemi koji pokušavaju da predvide buduću vrednost deonica na berzi, a studija opisana u [20] opisuje primenu ovakvih algoritama kako bi se predvidelo ponašanje određenih vrlo opasnih zagađivača u vazduhu, koji su na žalost izraženo prisutni na prostorima zapadnog Balkana.

Treba obratiti pažnju na određene razlike između grupisanja i druga dva zadatka kojima se bavimo. Ako se vratimo na primer grupisanja voća na slici 1, nije nam potrebno da znamo njihov naziv da bi smo taj posao obavili. Kod grupisanja nema ciljne promenljive, za razliku od klasifikacije i regresije. Dovoljno nam je da imamo mogućnost da procenimo sličnost dve instance. Metode grupisanja se stoga često koriste u primenama gde je cilj da se analizira struktura podataka, bez potrebe predviđanja. Takođe, metode grupisanja često ne grade nikakvu posebnu reprezentaciju znanja, već svaki put „uče" od početka. Sa druge strane, metode koje se koriste za rešavanje problema klasifikacije ili regresije, najčešće grade eksplicitne modele koji predstavljaju naučeno znanje i omogućavaju brzo predviđanje u primenama. Ako ste se dovoljno pozabavili primerom prikazanim u tabeli 1, verovatno imate list papira sa par pravila koja ste uspeli da definišete ili grafičkim prikazom koji ilustruje način na koji biste, na osnovu meteoroloških podataka, predvideli da li će se sutra igrati utakmica ili ne. Ovo su modeli onoga što ste naučili, koji u velikoj meri odgovaraju onima koji se koriste za reprezentaciju znanja u mašinskom učenju. Da biste vaš model mogli formulisali, morali ste uočiti određene obrasce (zavisnosti) u podacima koje ste razmatrali.

---

[2] Ovo se odnosi na filozofsku definiciju nominalne vrednosti, gde se takvom vrednošću smatra prihvaćeno „de facto" stanje koje je aproksimacija realne, uvek postojeće vrednosti. Stoga se nominalnim promenljivama smatraju one koje vrednosti uzimaju iz konačnog, diskretnog skupa.

Otkrivanje znanja iz podataka predstavlja skup metoda i tehnika kojima se podaci mogu iskoristiti za otkrivanje obrazaca (patterns) koji u njima postoje i formulisanje modela koji, sa jedne strane omogućavaju sagledavanje zakonitosti koje u njima postoje, a sa druge strane se mogu koristiti za podršku procesu donošenja odluka u budućnosti. Bilo da odluke donose ljudi ili mašine.

Nisu svi modeli koji reprezentuju iste koncepte identični. Dve izjave koje se nalaze na samom početku knjige izražavaju iste principe, ali se značajno razlikuju. Odluka o tome koju metodu mašinskog učenja koristiti u kojoj primeni zavisi od karakteristika skupa podataka, ciljne primene modela znanja koji treba da se nauči, raspoloživih računarskih resursa, vaših ličnih afiniteta, znanja itd. Princip sa početka knjige, u mom iskustvu, može biti od pomoći i dobra je praksa njime se rukovoditi. Ukoliko nešto može da se reši jednostavnijom tehnikom, takve tehnike treba favorizovati. Modeli treba da budu što jednostavniji i na granici prihvatljive tačnosti, jer ih to čini robusnijim i šire primenljivim.

Moj pristup prenošenju znanja, razvijen tokom dugogodišnjeg predavačkog iskustva, je uvek baziran na ideji da učenika treba što pre osposobiti za praktično rešavanje problema, a zatim razrađivati finese. Ova publikacija prati upravo tu doktrinu. U sledećem poglavlju ćemo se najpre pozabaviti osnovnim pojmovima koji će vam omogućiti da koristite široko primenjeno programsko rešenje za otkrivanje znanja, kako biste rešili probleme poput onog prikazanog u tabeli 1. Potom ćemo se pozabaviti odabranim tehnikama grupisanja (treće poglavlje), klasifikacije (četvrto poglavlje) i regresije (peto poglavlje). Finalno poglavlje je posvećeno kratkom opisu metoda I tehnika odabira (selekcije) obeležja, koje značajno mogu unaprediti rezultate mašinskog učenja.

PROGRAMSKO REŠENJE ZA OTKRIVANJE ZNANJA - WEKA

Programsko rešenje WEKA (Wakaito Environment for Knowledge Analysis)[1] predstavlja rešenje otvorenog koda koje se vrlo često koristi u procesima učenja i primene metoda otrkivanja znanja i eksploatacije podataka. Pored toga što omogućava efikasno izvođenje eksperimenata potrebnih za odabir metoda mašinskog učenja pogodnih za rešavanje pojedinih problema i evaluaciju njihovih performansi, WEKA omogućava i jednostavnu realizaciju praktičnog sistema za predviđanje i klasifikaciju.

Programsko rešenje WEKA predstavlja skup alata za istraživanje podataka kao i alata za analizu podataka i sadrži implementaciju velikog broja različitih algoritama i najnovijih pristupa mašinskog učenja. Budući da je rešenje otvorenog koda, besplatno je za korišćenje i može se preuzeti sa http://www.cs.waikato.ac.nz/ml/weka/. Otvoreni kod, pisan u programskom jeziku Java, je ovom programskom rešenju doneo veliku zajednicu koja se bavi unapređenjima i razvojem sistema, upravo zbog toga što omogućava korišćenje pojedinih delova koda u praktičnim sistemima za rešavanje problema iz domena mašinskog učenja.

WEKA, naravno, nije jedino rešenje koje se u ove svrhe može koristiti. Postoji niz drugih komercijalnih i besplatnih rešenja, a detaljan pregled može se naći u [36]. Najčešće korišćeni komercijalni sistemi su:

1. Microsoft Analysis Services – razvijen od strane Microsoft korporacije,
2. SAS Enterprise Miner – programsko rešenje za istraživanje podataka SAS Instituta,
3. SPSS Modeler – razvijen od strane IBM SPSS-a,
4. STATISTICA Data Miner – razvijen od strane kompanije StatSoft i
5. Oracle Data Mining – razvijen od strane Oracle Corp.

Od besplatnih rešenja najpoznatije je WEKA, ali su u primenama značajno zastupljeni i sledeći alati:

*   Carrot2,
*   ELKI (Environment for DeveLoping KDD-Applications Supported by Index-Structures),
*   JHepWork,
*   Orange alat za istraživanje podataka i mašinsko učenje,
*   R – okruženje za statističke proračune i istraživanje podataka,
*   RapidMiner,
*   UIMA (*Unstructured Information Management Architecture*) okruženje za analizu nestrukturiranog sadržaja kao što je tekst, audio i video zapis.

Za potrebe ove knjige WEKA predstavlja pravi odnos jednostavnosti korišćenja i mogućnosti. Osnovne mane u primenama su joj ograničenje u pogledu dinamičke memorije i sporost izvršavanja, koje su posledica Java virtuelne mašine. Ipak, postoje razne inicijative koje WEKA pripremaju za korišćenje na velikim skupovima podataka i podržavaju mogućnost rada na više računara ili više procesora simultano.

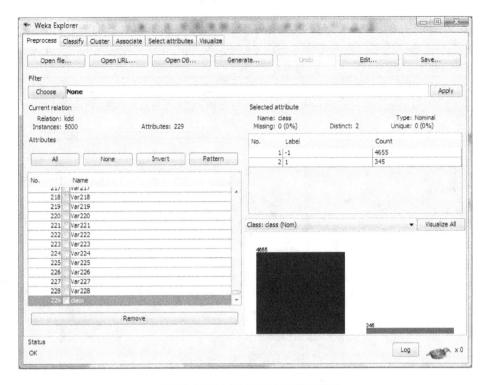

SLIKA 9: WEKA EXPLORER PRETPROCESOR

Nadam se da ste već bili dovoljno radoznali da preuzmete i instalirate WEKA. Ukoliko niste, savetujem da to sada učinite. Kada pokrenete WEKA, pojaviće se prozor koji vam dozvoljava da izaberete jedan od četiri podržana korisnička interfejsa:

- *Explorer* - osnovni grafički interfejs,

- *Experimenter* - okruženje koje naprednim korisnicima omogućava sprovođenje i analizu rezultata složenijih eksperimenata,

- *KnowledgeFlow* - grafičko okruženje koje je još uvek u razvoju i treba da omogući korisniku da eksperimente definiše kreiranjem dijagrama toka i

- *SimpleCLI* - jednostavni komandni interfejs.

Explorer je interfejs koji je najintuitivniji i stoga se najviše koristi u praksi. Istovremeno to je interfejs koji preporučujem za isprobavanje metoda opisanih u ovoj publikaciji. Kombinacija *Explorer*-a kao rešenja za inicijalne eksperimente, odabir i testiranje pojedinih metoda i rada sa WEKA klasifikatorima iz komandne linije operativnog sistema je u potpunosti dovoljna za probleme sa kojima se srećemo u našem istraživačkom radu i koji su opisani u ovoj knjizi. Na slici 12 je prikazan osnovni prozor *Explorer* okruženja.

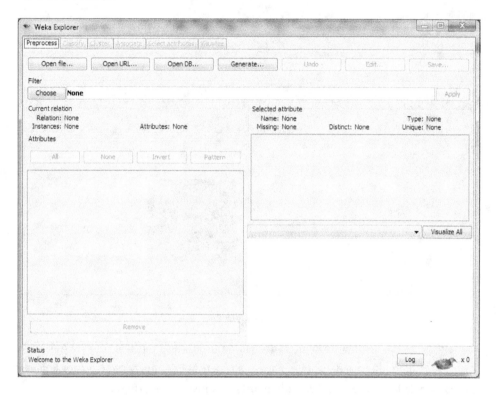

SLIKA 10: OSNOVNI PROZOR WEKA *EXPLORER* INTERFEJSA.

PRIPREMA ULAZNIH PODATAKA

Pre nego što možemo primeniti neki algoritam mašinskog učenja, moramo učitati podatke na kojima ćemo raditi. Weka trenutno podržava tri eksterna formata datoteka: CSV (*Comma Separated Values*), binarni i C45. Sistem podržava i direktan rad i preuzimanje podataka iz baza podataka kao i sa aplikativnih (*Web*) servera. Prirodni format datoteke za WEKA je ARFF *(Attribute-Relation File Format)*. To je u osnovi vrsta CSV (zarezom odvajane vrednosti) formata sa dodatim zaglavljem koje specificira obeležja (atribute) koja se nalaze u podacima, njihove tipove i dozvoljene vrednosti.

Priprema ulaznih podataka za istraživanje obično nosi većinu napora koji je uložen u čitav proces istraživanja podataka. Detaljna diskusija kompleksnosti i svih aspekata ovog procesa prevazilazi okvir ove publikacije, ali je potrebno ukazati na određene probleme i pitanja koji se javljaju kada skup podataka prevodi u ARFF, kako bi se čitaocima omogućila primena WEKA u realnim problemima. Iskustvo pokazuje da su podaci često razočaravajuće niskog kvaliteta i zahtevaju ulaganje velikog truda kako bi se podaci prečistili (*data cleaning*) i pripremili (*pre-processing*) za algoritme mašinskog učenja..

PRIKUPLJANJE PODATAKA

Rad na problemu u domenu otkrivanja znanja započinje prikupljanjem svih podataka u jedinstveni skup primera (instanci). U ovoj fazi je potrebno izvršiti denormalizaciju relacionih podataka, ukoliko se u sistemu čuvaju u toj formi, kako bi se svi relevantni podaci našli u jednoj tabeli.

Jedno praktično pitanje, koje se postavlja pri prikupljanju podataka je odgovarajući stepen agregacije podataka. Ovaj problem se svodi na odabir obeležja koja će se koristiti da opišu instancu. Ukoliko obeležja nisu dovoljno deskriptivna i povezana sa konceptom koji pokušavamo da naučimo, ni najbolji algoritam neće moći da nauči koncept. Ako je jedino obeležje, na osnovu koga pokušavamo da klasifikujemo tip automobila, boja očiju vozača, verovatno ćete teško rešiti taj problem. Slično, podatak o telefonskom pozivu je od male koristi kada telekomunikacione kompanije proučavaju ponašanje njihovih klijenata - podaci moraju biti sakupljeni na nivou korisnika. Kreiranje pogodnih obeležja je problem koji je u najmanju ruku iste kompleksnosti kao i razvoj novih metoda mašinskog učenja. Često je ipak moguće izabrati relativno reprezentativan skup obeležja kada se identifikuje koncept koji želimo da naučimo i šta je instanca (primer) tog koncepta. Takođe, za veliki broj praktičnih problema je moguće u literaturi naći studije koje ocenjuju efikasnost i predlažu adekvatna obeležja. Čak i ako je problem nov, iskusni istraživači su obično u stanju i voljni da predlože perspektivna obeležja, na osnovu poznatih rešenja manje ili više sličnih problema. Što se duže i intenzivnije bavite otkrivanje znanja to ćete pre i sami steći ovu sposobnost.

ARFF format

ARFF dokument predstavlja standardan način predstavljanja skupova podataka koji se sastoje od nezavisnih, nesortiranih instanci i ne podrazumevaju relacije između instanci.

Tekstualni prikaz 1 daje primer sadržaja jedne ARFF datoteke

```
%
% As used by Kilp, D.& ameron-Jones, M. Numeric prediction
% using instance-based learning with encoding length selection.
% In Progres in Connectionist-Based Information Systems.
% Singapore: Springer-Verlag.
%
% Deleted "vendor" attribute to make data consistent with with
% what we used in the data mining book.
%


@relation weather
@attribute outlook {sunny, overcast, rainy}
@attribute temperature real
@attribute humidity real
@attribute windy {TRUE, FALSE}
@attribute play {yes, no}

@data
sunny,85,85,FALSE,no
sunny,80,90,TRUE,no
overcast,83,86,FALSE,yes
rainy,70,96,FALSE,yes
rainy,68,80,FALSE,yes
rainy,65,70,TRUE,no
overcast,64,65,TRUE,yes
sunny,72,95,FALSE,no
sunny,69,70,FALSE,yes
rainy,75,80,FALSE,yes
sunny,75,70,TRUE,yes
overcast,72,90,TRUE,yes
overcast,81,75,FALSE,yes
rainy,71,91,TRUE,no
```

TEKSTUALNI PRIKAZ 1 PRIMER ARFF DOKUMENTA.

Prikazana ARFF datoteka se odnosi na problem prikazan u tabeli 1 i sastavni je deo skupa ovakvih datoteka koji se nalazi u poddirektorijumu "Data" vašeg WEKA instalacionog direktorijuma. Podaci u tabeli 1 se razlikuju utoliko što su vrednosti date za temperaturu u originalnoj „weather.arff" datoteci, prevedene u stepene Celzijusa, a imena obeležja na srpski.

Linije koje počinju znakom '%' su komentari. Posle komentara, na početku dokumenta se nalazi ime relacije na koju se datoteka odnosi (*weather*) i blok za definisanje atributa (*outlook, temperature, humidity, windy, play*). Nominalne (kategoričke) atribute slede vrednosti koje oni mogu da poprime, unutar vitičastih zagrada. Vrednosti mogu da uključuju razmak. Ako je tako, treba da se nalaze između navodnika. Numeričke vrednosti su označene ključnom reči *numeric*.

U ovoj, originalnoj verziji, primera „weather", zadatak je da se predvidi vrednost klase *play* na osnovu vrednosti ostalih atributa. Obeležje klase se ni na koji način ne razlikuje u dokumentu od ostalih podataka.

ARFF dokument sadrži samo skup podataka i ne označava koji atribut je zavisno obeležje. To zavisi od koncepta koji želimo da naučimo i određuje se neposredno pre učenja. Isti dokument može biti korišćen za određivanje koliko dobro bilo koji atribut može biti predviđen na osnovu ostalih, kao i za grupisanje gde nema zavisne promenljive.

Nakon definicije atributa sledi „@DATA" segment koji označava početak skupa instanci. Instance su zapisane jedna po liniji, sa vrednostima za svaki atribut, razdvojenim zarezima. Ukoliko vrednost nekog atributa nedostaje (što se u primenama dešava), ona se predstavlja znakom pitanja (?). Specifikacija atributa u ARFF dokumentu dozvoljava da se proveri skup podataka, kako bi se osiguralo da sadrži validne vrednosti za sve atribute, a programi koji čitaju ARFF dokument vrše ovu proveru automatski.

Pored nominalnog i numeričkog tipa atributa, izraženih preko vremenskih podataka, ARFF format podržava još dva tipa atributa: string (tekstualni) i datum. Tekstualni atribut sa nazivom *description* se definiše sledećom linijom:

> *@attribute description string*

Vrednost ovog atributa u instanci podataka može da uključi bilo koji tekstualni karakter unutar znakova navoda. Stringovi se, po učitavanju, interno čuvaju u jedinstvenoj tabeli i interna vrednost atributa će odgovarati adresi stringa u tabeli. Dva tekstualna podatka koji imaju iste karaktere će biti predstavljeni istom vrednošću. Vrednosti tekstualnih atributa mogu biti veličine čitavog dokumenta.

Datum atributi su u stvari stringovi predstavljeni u posebnom formatu i definišu se na sledeći način (za atribut koji se zove *today*):

> *@attribute today date*

Weka koristi ISO-8601, kombinovani format datuma i vremena yyyy-MM-dd-THH:mm:ss sa četiri cifre za predstavljanje godine, dve za mesec, dve za dan, koje sledi slovo T označavajući da slede podaci o vremenu, dve cifre koje predstavljaju sate, pa dve za minute, pa dve za sekunde. U delu dokumenta sa podacima, datum se predstavlja kao odgovarajući string datuma i vremena, npr. 2004-04-03T12:00:00.

Iako su definisani kao string, datumi se interno drugačije čuvaju i konvertuju se u numeričku formu tokom učitavanja dokumenta. Datumi se mogu interno konvertovati u razne formate, tako da je moguće lako izračunati apsolutnu razliku dva datuma u dokumentu, kao i koristiti funkcije za transformaciju za određivanje vremena u danu, dana u nedelji, da bi se detektovalo odgovarajuće periodično ponašanje itd.

RAD SA RETKIM PODACIMA (*SPARSE DATA*)

U određenim primenama je uobičajeno da većina atributa ima vrednost 0 za većinu instanci. Zamislite aplikaciju u kojoj je instanca sadržaj korpe jednog kupca u supermarketu, a obeležja su takva da postoji po jedan binarni atribut za svaki proizvod koji u prodavnici postoji. Za većinu instanci će samo par atributa imati vrednost koja označava da je taj proizvod prisutan (1), dok će većina imati vrednost 0. Još jedna česta primena u kome se ovakvi podaci javljaju, je u domenu eksploatacije tekstualnih podataka (text mining), u kome su instance dokumenti. U ovakvoj primeni je uobičajeno da redovi matrice predstavljaju dokumente (instance), a kolone reči (obeležja). Vrednosti obeležja, koja su u ovom slučaju numerička, predstavljaju koliko se puta odgovarajuća reč pojavila u odgovarajućem dokumentu. Većina dokumenta ima mali vokabular, pa je većina brojeva nula. Tipičan način predstavljanja ovakvih podataka je u obliku retkih matrica, što je samo termin koji označava da je većina elemenata u matrici nula.

Nije praktično prikazivati retku matricu u formatu koji prikazuje sve njene vrednosti:

```
0, 26, 0,  0, 0, 0, 63, 0, 0, 0, „class A"
0,  0, 0, 42, 0, 0,  0, 0, 0, 0, „class B"
```

Stoga se prikazuju samo vrednosti koje nisu nula, uz korišćenje dodatne vrednosti koja opisuje položaj nenulte vrednosti u nizu:

```
{1 26, 6 63, 10 "class A"}
{3 42,       10 "class B"}
```

Svaka instanca se nalazi u vitičastim zagradama i sadrži broj koji predstavlja indeks (koji počinje od nule) nenultog atributa i njegovu vrednost. Dokument sa retkim podacima sadrži iste *@relation* i *@attribute* oznake, nakon kojih sledi *@data* linija, ali odeljak sa podacima je drugačiji i sadrži specifikacije u zagradama, kako je prikazano. Izostavljene podatke ne treba mešati sa nedostajućim vrednostima. Oni imaju vrednost, samo je ona nula. Ukoliko je vrednost obeležja nepoznata, onda se ona i dalje predstavlja znakom pitanja.

RAD SA RAZLIČITIM TIPOVIMA ATRIBUTA

ARFF dokument, smešta dva osnovna tipa podataka: nominalni i numerički. String i datum podaci se interno konvertuju u nominalne i numeričke.

Ne podržavaju sve metode mašinskog učenja rad sa oba tipa atributa, niti tretiraju numeričke atribute na isti način. Većina tehnika za nominalne atribute dozvoljava samo utvrđivanje da li dve instance imaju istu ili različitu vrednost.

U slučaju numeričkih atributa deo metoda numeričke atribute tretira kao oridnalne, što znači da se pored ispitivanja jednakosti vrednosti, mogu ispitati i odnosi „veće od" i „manje od". Kada je to slučaj, onda nije bitno da li se vrednosti pojedinih atributa nalaze u istom opsegu. Sa druge strane, česte su metode koje vrednost numeričkih atributa koriste za izračunavanje rastojanja između instanci. Metode grupisanja na primer, ne samo da zahtevaju da su svi atributi numerički, već se i baziraju na mogućnosti dobrog izračunavanja rastojanja između instanci. Većina metoda za izračunavanje udaljenosti, od kojih se par diskutuje u trećem poglavlju, će za uspešno korišćenje zahtevati da svi atributi budu svedeni na isti opseg, tj. Interval u kojima im se nalaze vrednosti. Ovaj postupak se naziva normalizacija. Vrednosti atributa se obično svode na jedinični interval ([0,1]).

Dva pristupa se najčešće koriste za normalizaciju atributa. Prvi podrazumeva da se sve vrednosti podele sa najvećom vrednosti na koju se naiđe, ukoliko je minimalna vrednost jednaka ili blizu nule. Kada to nije slučaj od svake vrednosti se oduzima minimalna vrednost, a rezultat deli opsegom (razlikom minimalne i maksimalne vrednosti). Drugi pristup se zasniva na pretpostavci da su vrednosti normalno raspodeljene, pa se svode na skup vrednosti čija je srednja vrednost 0, a odstupanje jedan. Sam proces se svodi na to da se izračuna srednja vrednost i standardna devijacija skupa vrednosti. Potom se od svake vrednosti oduzme srednja vrednost i rezltat se podeli standardnom devijacijom. Ovaj postupak se često naziva i standardizacijom.

Nominalne atribute je teoretski uvek moguće prevesti u numeričke, ali se to ne može uvek uraditi tako da se dobije smislen pojam udaljenosti. Ponekad, ipak, postoji izvorni način za mapiranje između nominalnih vrednosti i numeričkih skala. Na primer poštanski (ZIP) kod u S.A.D. predstavlja oblast koja se može predstaviti geografskim koordinatama. Slično je i za vodeće cifre telefonskog broja. Ali su ovo izuzeci, pre nego pravila i problem konverzije atributa se mora rešavati u konkretnoj primeni i za konkretnu metodu mašinskog učenja.

Treba voditi računa i o tome da nisu svi atributi čije se vrednosti sastoje od cifara, stvarno numerički. Veoma je često za praktične skupove podataka, da sadrže nominalne vrednosti koje su kodirane kao celi brojevi. Tipičnoj je da se u sistemima nabavke svakom rezervnom delu dodeli broj. Takvi celi brojevi nisu namenjeni za "manje od" ili "veće od" komparacije i moraju se tretirati kao nominalni, što i jesu.

Nedostajuće Vrednosti

Mnogi skupovi podataka sadrže instance za koje je vrednost jednog ili više obeležja nepoznata.

Vrednosti koje nedostaju obično indikuju, ili da prilikom akvizicije podataka, taj podatak nije prikupljen, ili da je neka očitana vrednost van opsega (možda se radi o negativnom broju u polju u kome su dozvoljene pozitivne vrednosti).

Dobra je praksa pažljivo razmisliti o značenju vrednosti koje nedostaju. One se mogu pojaviti iz različitih razloga, kao što je kvar opreme za merenje, promene u dizajnu eksperimenta u toku prikupljanja podataka i kombinovanja nekoliko sličnih, ali ne identičnih skupova podataka. Ispitanici u istraživanju mogu da odbiju da daju podatke o godinama ili primanju. U arheološkom istraživanju, određeni tragovi, npr. lobanja praistorijskog čoveka, mogu biti oštećeni, pa neke vrednosti ne mogu da budu izmerene. U biološkim istraživanjima, biljka ili životinja može da ugine pre nego što se izvrše sva merenja. Cilj analize porekla je da odredi šta ovakve pojave znače za konkretni problem koji se razmatra? Da li nedostatak lobanje nosi neke bitne informacije o njenoj prošlosti ili se samo radi o nekom slučajnom događaju? Da li je ranije uginuće životinje rezultat nečega bitnog ili ne?

Većina metoda za obuku pravi implicitne pretpostavke da nedostajuće vrednosti nemaju neki posebni značaj i da jednostavno, za pojedine instance, vrednost nekih obeležja nije poznata. Ukoliko to nije slučaj i postoji dobar razlog zašto vrednost atributa nije poznata, ovo treba prikazati u podacima. Ukoliko je u medicinskoj studiji donesena odluka da se ne vrše neki određeni testovi, onda to može biti značajno i treba uvesti posebnu vrednost (recimo *„not tested")* za ovo obeležje, kako bi se ova situacija pravilno predstavila. Ukoliko odluka utiče na odsustvo više atributa, najbolje je uvesti dodatno obeležje u skup podataka.

Neki algoritmi nisu u stanju da rade sa nedostajućim vrednostima. To je posebno čest slučaj kada se radi o algoritmima grupisanja. Postoji nekoliko načina na koje se ovaj problem tipično rešava.

Najjednostavniji postupak za tretiranje nedostajućih vrednosti je ignorisanje instanci kojima vrednost nekog od atributa nedostaje. Ovakav prilaz treba izbegavati, jer smanjenje broja instanci, u većini slučajeva, negativno utiče na rezultate. Uz to, ovaj postupak je praktično neprimenljiv u radu sa skupovima podataka u kojima mnoge instance sadrže nedostajuće vrednosti.

Drugi prilaz kojim je moguće rešiti problem nedostajućih vrednosti je ručna dopuna skupa podataka. Ovo ima smisla samo u slučaju obrade relativno malih skupova podataka, sa skromnim brojem instanci i obeležja.

Treći način je zamena nedostajućih vrednosti numeričkih atributa srednjom vrednošću, dobijenom na osnovu poznatih vrednosti tog atributa. Mana ovog postupka je u tome što se kao rezultat mogu dobiti pogrešne procene vrednosti, što može značajno da utiče na predviđanje.

Četvrti prilaz podrazumeva upotrebu drugih algoritama mašinskog učenja kako bi se odredila najizglednija vrednost atributa, na osnovu ostalih atributa te instance. Ta vrednost se, recimo, može dobiti upotrebom regresije ili stabla odlučivanja. Ovaj postupak se često koristi i dosta je pouzdan, ali je i vrlo složen i povećava kompleksnost razvoja modela.

Konačno, moguće je na slučajan način izabrati jednu od poznatih vrednosti atributa i iskoristiti je umesto nedostajuće vrednosti. Nedostajuće vrednosti se u ovom pristupu tretiraju kao slučajan šum. Kako je većina tehnika mašinskog učenja dizajnirana da se sa ovakvim tipom šuma izbori, ovim pristupom se teži umanjiti uticaj nedostajućih vrednosti na konačni rezultat predviđanja.

NEISPRAVNE VREDNOSTI

Pored nedostajućih vrednosti, skupovi podataka često sadrže određen broj loših atributa i njihovih vrednosti. Podaci za koji se koriste u otkrivanju znanja, najčešće nisu skupljeni isključivo u tu svrhu. Stoga skupovi podataka često sadrže mnoga polja koja u nekom momentu nisu bila bitna, te su ostavljena prazna. Pod uslovom da se ne menja originalna namena podataka, ne postoji podsticaj da se to promeni. U slučaju da se takva baza podataka koristi za istraživanje, greške i propusti mogu na različite načine uticati na kvalitet rezultata. Banke ne moraju da znaju starost svojih klijenata, pa će njihova baza sadržati mnogo podataka koji nedostaju ili nepravilnih vrednosti. Ali starost može biti veoma značajan faktor kod predviđanja verovatnoće vraćanja kredita.

Tipografske greške u skupu podataka direktno vode neispravnim vrednostima podataka. Često je vrednost nominalnog atributa pogrešno uneta, kreirajući dodatnu moguću vrednost za taj atribut. Loše koncipirane baze podataka često sadrže i različite nazive za iste objekte – npr. Pepsi i Pepsi Cola. Cilj definisanja ARFF formata jeste da dozvoli proveru unutrašnje konzistentnosti takvih datoteka i on u određenoj meri sprečava pojavu neisrpravnih vrednosti, time što se dozvoljene vrednosti nominalnih atributa moraju definisati u zaglavlju.

Tipografske greške ili greške u merenju numeričkih vrednosti ponekad generišu odstupanja koja se relativno lako mogu uočiti na grafičkim prikazima distribucije vrednosti pojedinih atributa, pa WEKA *Explorer* u svome osnovnom prozoru dozvoljava ovakvu inspekciju. Pogrešne vrednosti često značajno odstupaju od generalnog trenda koji postoji u preostalim vrednostima. Često je, ipak veoma teško pronaći pogrešne vrednosti bez odgovarajućeg dodatnog znanja, koje nije sadržano u samom skupu podataka.

Sistematske greške u podacima su česte i posledica su načina prikupljanja podataka. Ukoliko je to moguće, istraživač treba da prikupi što više dodatnih informacija o procesu. Ljudi često prave namerne greške kada unose lične podatke u bazu podataka. Korisnici će često u manjoj ili većoj meri pokušati da obmanu sistem. Neki će uneti manje promene u svoju adresu, kako bi pokušali da provere da li su informacije koje su predali prosleđene u reklamnu agenciju koja im opterećuje poštu. Neko drugi će neispravno uneti ime prilikom prijavljivanja za osiguranje, ukoliko je u prošlosti bio odbijen. Krut računarski sistem za unos podataka često nameće ograničenja koja zahtevaju maštovite načine izvrdavanja. Uobičajena praksa u slučaju iznajmljivanja kola u Sjedinjenim Američkim Državama je da se zahteva poštanski (ZIP) kod korisnika, koji mora odgovarati teritoriji SAD. Korisnici iz inostranstva nemaju ZIP kod a sistem insistira na istom. Operater će često predložiti da iskoristite ZIP kod agencije u kojoj iznajmljujete automobil. Ukoliko je ovo dovoljno uobičajena praksa, budući projekti istraživanja podataka će relativno veliki skup korisnika koji navodno žive u istoj oblasti odakle je i agencija. Slično, operater naplate u supermarketu ponekad koristi svoju karticu za popuste, kada redovna mušterija zaboravi svoju, kako bi omogućio kupcu da se dobije popust ili kako bi nakupio kreditne bodove na kupovnom računu. Ovakvi efekti se ponekad mogu uočiti tek ispitivanjem naučenog modela, ukoliko je korišćena metoda koja to omogućava.

Još jedan tipičan problem, koji se javlja u skupovima podataka su duplirani podaci. Iako u idealnom slučaju oni ne bi trebalo da utiču na učenje, većina metoda mašinskog učenja će vratiti drugačiji rezultat ukoliko se neke instance višestruko pojavljuju u skupu podataka, jer će takvim primerima dati veću težinu.

U dinamičkim sistemima, treba voditi računa o starosti podataka. Predviđanje vrednosti akcija na berzi na osnovu skupa podataka prikupljenog 60-tih godina, najverovatnije nema smisla. Kod dinamičkih sistema treba voditi računa da su u skupu prisutni aktuelni podaci i definisati politiku uklanjanja zastarelih instanci.

PRIMER KORIŠĆENJA WEKA OKRUŽENJA

WEKA *Explorer*, čiji je osnovni prozor prikazan na slici 3, će vam omogućiti da učitate ARFF datoteku, pogledate grafički prikaz distribucije vrednosti za nominalne atribute (histogram) i osnovne statistike za numeričke (minimum, maksimum, srednju vrednost i standardnu devijaciju). Na slici 3 je prikazan WEKA *Explorer* sa učitanom ARFF datotekom koja sadrži vrednosti date u tabeli 1 i grafičkim prikazom za obeležje „nebo".

WEKA Explorer sadrži posebne prozore za klasifikaciju (*Classify*), grupisanje(*Cluster*) i selekciju atributa(*Select Attributes*). Opcija za klasifikaciju uključuje i algoritme regresije. Ostale opcije nisu od interesa za izlaganje u ovoj knjizi.

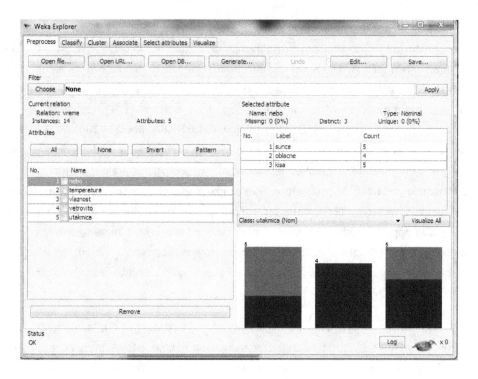

SLIKA 3 WEKA EXPLORER SA UČITANIM PRIMEROM IZ TABELE 1.

Recimo da želimo da probamo da klasifikujemo instance prisutne u ovom skupu podataka. Postupak se sastoji iz nekoliko koraka:

1.   odabir metode,

2.   podešavanje parametara algoritma,

3.   podešavanje opcija testiranja,

4.   podešavanje dodatnih opcija (nije uvek neophodno),

5.   izbor obeležja klase i

6.   analiza rezultata.

Na slici 4 je prikazan prozor za klasifikaciju WEKA *Explorer*-a. U prozorima za klasifikaciju i grupisanje u gornjem levom uglu, klikom na dugme „*Choose*" možete izabrati algoritam mašinskog učenja koji želite da isprobate. Ukoliko ne znate ništa o samim algoritmima, jedino pravilo koje morate slediti pri izboru klasifikatora je da izaberete algoritam koji može da podrži sve tipove obeležja u vašem skupa podataka.

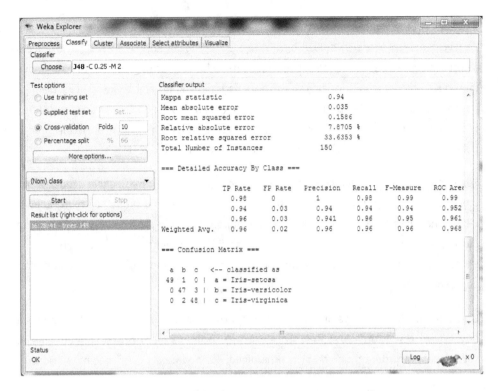

SLIKA 4 PROZOR ZA KLASIFIKACIJU WEKA *EXPLORER*-A.

Ukoliko selektujete prozor za klasifikaciju WEKA će vam ponuditi jedan od 71 algoritama koje podržava (verzija 3.6). Algoritmi su grupisani u sledećih 6 kategorija:

- *Bayes* - algoritmi zasnovani na Bajesovom pravilu,
- *Functions* – probabilističke metode i neke neuronske mreže,
- *Lazy* - lenji algoritmi (*instance based learners*),
- *Meta* - algoritmi koji kombinuju nekoliko modela, ponekad dobijenih različitim osnovnim algoritmima,
- *Trees* - stabla odlučivanja i
- *Rules* – algoritmi za indukciju pravila.

Kada izaberete neku od metoda, njeni parametri će biti postavljeni na podrazumevane vrednosti. Klikom na naziv metode dobićete dijalog koji vam omogućava da izmenite parametre metode. U tom dijalogu se takođe nalazi dugme „*More*" koje otvara prozor sa dodatnim informacijama o značenju parametara i literaturnom referencom koja detaljno objašnjava funkcionisanje algoritma.

EVALUACIJA PERFORMANSI METODE

Sa leve strane prozora se nalaze opcije koje određuju na koji način ćete testirati vaš algoritam. Podrazumevana opcija je unakrsna validacija (*cross-validation*). Pored ove metode na raspolaganju je opcija testiranja na istom skupu koji se koristio za trening, posebnom skupu koji je opisan u drugoj datoteci, kao i opcija da se deo učitanog skupa podataka koristi za trening a ostatak za test (*percentage split*). Kod poslednje opcije polje sa desne strane daje procenat skupa koji će se koristiti za test.

Testiranje na osnovu trening skupa je jako loša praksa. Cilj mašinskog učenja je da omogući klasifikaciju i regresiju za instance koje se ne nalaze u skupu sa kojim radimo. Iako se najčešće trudimo da skup sa kojim radimo bude što reprezentativniji, to se ne može garantovati i praktično nikada nije slučaj u primenama. Stoga je testiranje primenljivosti metode sa istim podacima na kojima je izvedeno učenje, fundamentalno pogrešno.

U idealnom slučaju, kada imamo dovoljan broj primera, testiranje treba vršiti na odvojenom test skupu. Ovo često nije slučaj u primenama i proces prikupljanja je suviše zahtevan i dugotrajan da bi se prikupljalo više podataka nego što je neophodno.

Tehnika unakrsne validacije pokušava da ostvari kvalitet evaluacije kakav se dobija korišćenjem odvojenog test skupa, ali da pri tome za učenje iskoristi što veći broj instanci koje su nam na raspolaganju. Stoga se skup „presavija", tako što proces učenja i testiranje ponavljaju n puta, svaki put koristeći n-ti deo podataka kao test skup, dok se uči na ostatku. Na kraju se srednje vrednosti merila performansi koriste kao konačna mera performansi algoritma. Kada se skup deli na n delova, radi se o *n-fold* ukrštenoj validaciji. WEKA podrazumeva da će se algoritam testirati procesom koji uključuje 10 iteracija (10-*fold*), što predstavlja dobar izbor. Vrednosti ispod 3 iteracije se ne preporučuju. Treba napomenuti da se izdvajanje test podataka izvodi na slučajan način ali da se skupovi za testiranje u različitim iteracijama ne preklapaju. Takođe, kod WEKA, radi se o stratifikovanom procesu unakrsne validacije, koji u svakom test skupu pokušava da održi distribuciju različitih klasa koja je identična onoj u originalnom skupu podataka [1].

Kada se određena metoda odabere na osnovu ovako sprovedenih testova, finalni model kreira na osnovu celog skupa podataka, kako bi se iskoristili svi podaci koji su na raspolaganju i kreirao što bolji model.

WEKA omogućava i podešavanje dodatnih opcija, koje trenutno nisu od interesa, ali će vam ponekad omogućiti da generišete programski kod naučenog klasifikatora, koji možete koristiti u svojim programskim rešenjima.

Ispod dugmeta koje vodi ka podešavanju dodatnih opcija se nalazi lista za izbor ciljnog obeležja. Okruženje pretpostavlja da je zavisna promenljiva poslednje obeležje, ali dozvoljava da bilo koji atribut da bude izabran kao ciljni. Ako izaberete nominalni atribut, algoritmi koji ne podržavaju klasifikaciju će posiveti u listama za izbor i nećete ih moći birati. Takođe, ako je ovde odabrano numeričko obeležje, dostupne će biti samo regresione metode.

ANALIZA IZLAZA TESTIRANJA

Pritiskom na dugme „Start", okruženje će pokušati da primeni odabrani algoritam na odabranom skupu podataka i rezultate evaluacije će prikazati u desnom delu prozora. Kako bi ilustrovali mere performansi koje WEKA pruža, koristićemo „iris.arff" skup podataka koji ste dobili sa WEKA instalacijom (poddirektorijum „data" instalacionog direktorijuma). Izabraćemo metodu J48 iz sekcije „Trees", koji generiše stablo odluke i predstavlja implementaciju klasičnog C4.5 algoritma [39]. Predmetni skup podataka je takođe klasik u domenu eksploatacije podataka i sadrži po 50 instanci dobijenih merenjem karakteristika cveta tri različite vrste irisa, koje je moguće razlikovati merenjem dužine i širine latica i elemenata čašice.

Explorer generiše rezultate u zavisnosti od metode. Neke komponente će ipak biti iste bez obzira na odabrani algoritam učenja. Svaki model sa svojim rezultatima je sačuvan u listi rezultata u levom donjem uglu prozora. Svaki put kada *Explorer* generiše model, on se čuva i dodaje u „Result List". Prethodni modeli mogu biti ponovo pozvani iz liste rezultata. Takođe je moguće sačuvati neki model i kasnije ga pozvati. U nastavku će biti opisane osnovne komponente tekstualnog izlaza koji okruženje generiše.

SEKCIJA: RUN INFORMATION

Prva linija ove sekcije sadrži informacije o šemi obuke i njenim parametrima. Izabrani parametri su prikazani u kratkoj formi.

Druga linija pokazuje informacije o relaciji kako je ona nazvana u ulaznoj ARFF datoteci. Slede broj instanci u skupu, praćen brojem i listom atributa. Poslednji deo prikazuje tip testiranja, u ovom primeru to je *10-fold cross-validation*.

SEKCIJA: CLASSIFIER MODEL (FULL TRAINING SET)

Ovaj deo tekstualnog izlaza se odnosi na model koji je generisan na osnovu čitavog skupa podataka.

```
=== Classifier model (full training set) ===
J48 pruned tree
------------------
petalwidth <= 0.6: Iris-setosa (50.0)
petalwidth > 0.6
|   petalwidth <= 1.7
|   |   petallength <= 4.9: Iris-versicolor (48.0/1.0)
|   |   petallength > 4.9
|   |   |   petalwidth <= 1.5: Iris-virginica (3.0)
|   |   |   petalwidth > 1.5: Iris-versicolor (3.0/1.0)
|   petalwidth > 1.7: Iris-virginica (46.0/1.0)
Number of Leaves  :       5
Size of the tree :   9
Time taken to build model: 0.01 seconds
```

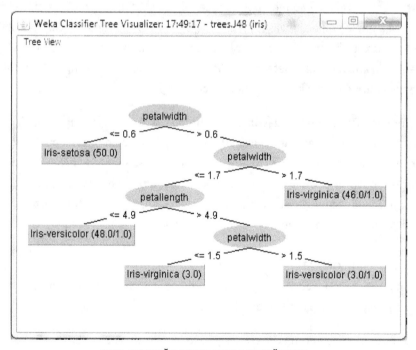

SLIKA 5 GRAFIČKI PRIKAZ STABLA ODLUČIVANJA.

Kako naša metoda gradi model stabla, dat je tekstualni prikaz generisanog modela. Ovo je praćeno informacijom o broju listova i samom veličinom stabla. WEKA ima mogućnost da model prikaže i grafički. Desnim klikom miša na model u „Result list" i odabirom opcije „Visualize tree" dobija se prikaz kao na slici 5.

SEKCIJA: SUMMARY

Ova sekcija daje informacije o postignutim rezultatima u sažetom obliku. Iznad nje je označena metoda koja se koristila da bi se procenile performanse algoritma.

```
=== Stratified cross-validation ===

=== Summary ===

Correctly Classified Instances          144               96        %

Incorrectly Classified Instances        6                 4         %

Kappa statistic                         0.94

Mean absolute error                     0.035

Root mean squared error                 0.1586

Relative absolute error                 7.8705 %

Root relative squared error             33.6353 %

Total Number of Instances               150
```

Kada se radi o problemu klasifikacije, prve dve linije su najkorisnije. Prva linija pokazuje tačnost - broj i procenat slučajeva koji su ispravno predviđeni. Druga pokazuje grešku - broj i procenat slučajeva koje je klasifikator loše predvideo.

U slučaju kada se radi o problemu regresije, ovakve mere nemaju mnogo smisla. Pokušajte da selektujete atribut „sepalwidth" kao ciljnu promenljivu i izaberete „M5P". Ova sekcija će znatno drugačije je izgledati (prikazana je na sledećoj strani).

Budući da sada poredimo numeričke vrednosti koje su predviđene, u odnosu na stvarne, mere performansi koje WEKA pruža su srednja apsolutna i kvadratna greška, kao i relativne vrednosti apsolutne greške i korena relativne kvadratne greške. Prva linija je posvećena koeficijentu korelacije između predviđenih i pravih vrednosti, koji izražava u kojoj meri promene u predviđenim vrednostima prate prave vrednosti. Modeli koji imaju više vrednosti ovog koeficijenta bolje opisuju proces, čak i kada imaju veće greške i treba ih u tom smislu favorizovati.

```
=== Cross-validation ===

=== Summary ===

Correlation coefficient              0.7879

Mean absolute error                  0.2049

Root mean squared error              0.2669

Relative absolute error             60.842   %

Root relative squared error         61.1353  %

Total Number of Instances           150
```

SEKCIJA: CONFUSION MATRIX

Matrica konfuzije (*Confusion Matrix*) je jednostavan način da se prikaže greška klasifikacije. Vraćajući se na naš originalni primer, generiše se prikazana tabela.

```
=== Confusion Matrix ===

  a  b   c    <-- classified as

 49  1   0 |  a = Iris-setosa

  0 47   3 |  b = Iris-versicolor

  0  2  48 |  c = Iris-virginica
```

Kolone predstavljaju predviđanja, a redovi predstavljaju stvarne klase. Matrica pokazuje da je 49 instanci iris setosa klase, 47 instanci iris versicolor i 48 instanci iris virginica korektno klasifikovano. Tri instance irisa versicolor su pogrešno klasifikovane kao iris virginica. Dva irisa virginica su klasifikovani kao iris versicolor a 1 iris setosa je pomešan sa iris versicolor.

SEKCIJA: DETAILED ACCURACY BY CLASS

Ova sekcija daje detaljne rezultate evaluacije koji su dobijeni za pojedinačne klase.

Prve dve kolone su stopa tačno pogođenih (*TP Rate - True Positive Rate*) i pogrešno klasifikovanih instanci određene klase   (*FP Rate - False Positive Rate*). Za klasu iris setosa, stopa tačno pogođenih je odnos slučajeva klasifikovanih kao iris setosa i svih slučajeva kojima je model dodelio ovu klasu (49/50=0,98). FP stopa je odnos instanci drugih klasa koje su pogrešno svrstane u ovu klasu, sa ukupnim brojem slučajeva koji su svrstani u ovu klasu. Kako nijedna instanca nije pogrešno svrstana u ovu klasu, FP stopa je 0.

```
=== Detailed Accuracy By Class ===
                TP      FP      Precision  Recall  F-Measure  ROC Area  Class
                Rate    Rate
                0.98    0       1          0.98    0.99       0.99      Iris-setosa
                0.94    0.03    0.94       0.94    0.94       0.952     Iris-versicolor
                0.96    0.03    0.941      0.96    0.95       0.961     Iris-virginica
Weighted Avg.   0.96    0.02    0.96       0.96    0.96       0.968
```

Prepoznavanje (*Recall*) predstavlja odnos tačno prepoznatih instanci klase i ukupnog broja instanci te klase koje se nalaze u skupu za trening. Što je veći, to je veći udeo instanci klase koje su dobro identifikovane, a manje onih koje nisu prepoznate. Preciznost (*Precision*) je odnos dobro prepoznatih instanci klase i ukupnog broja instanci koje su prepoznate kao primerci te klase.

Preciznost i prepoznavanje su dakle:

$$precision = \frac{TP}{TP + FP}$$

$$recall = \frac{TP}{TP + FN}$$

gde su *TP* i *FP* stope tačno pogođenih i pogrešno klasifikovanih, respektivno.

F mera (*F-Measure*) predstavlja pokušaj da se napravi jedinstvena mera koja bi izrazila i sposobnost prepoznavanja i preciznost algoritma:

$$F - measure = \frac{2 * recall * precision}{recall + precision}$$

Poslednja mera performansi je površina ispod *Response Operating Characteristic* (ROC) krive. ROC kriva je grafikon koji prikazuje zavisnost TP stope od FP stope. Ovakav grafikon za naš primer i klasu iris virginica je prikazan na slici 6.

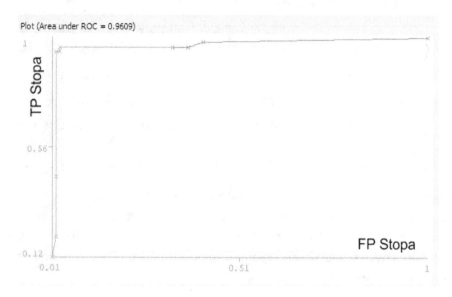

SLIKA 6 ROC KRIVA.

Tačke na osnovu kojih se grafikon iscrtava u WEKA okruženju su vrednosti dobijene za pojedinačne iteracije unakrsne validacije. Intuitivno, što je kriva strmija, to se odgovarajuća stopa dobro klasifikovanih primera postiže sa manjim brojem promašaja, pa je klasifikator bolji. Idealan klasifikator ima jedinične vrednosti svih metrika, osim FP stope koja je na nuli.

cluster

: a number of similar things that occur together: as
a : two or more consecutive consonants or vowels in a segment of speech
b : a group of buildings and especially houses built close together on a sizable tract in order to preserve open spaces larger than the individual yard for common recreation
c : an aggregation of stars or galaxies that appear close together in the sky and are gravitationally associated
d : a larger than expected number of cases of disease (as leukemia) occurring in a particular locality, group of people, or period of time

Origin: Middle English, from Old English clyster; akin to Old English clott clot
First Known Use: before 12th century
Synonyms: array, assemblage, band, bank, batch, battery, block, bunch, clot, clump, group, clutch, collection, constellation, grouping, huddle, knot, lot, muster, package, parcel, passel, set, suite.
Merriam-Webster.com. 2012. http://www.merriam-webster.com (8. novembar 2012)

GRUPISANJE

Kao cilj grupisanja, odnosno klaster analize, često se navodi identifikacija relativno homogenih grupa objekata [8].

Mišljenja sam da ovakvo tumačenje i prevod „grupa" za engleske termine (*Clustering/Cluster analysis*) koji su se originalno koristili i dalje se koriste da opišu ovaj skup metoda analize podataka ne oslikava pravu prirodu i cilj ovog procesa. Moj uobičajeni pristup u ovakvim situacijama je da uputim studente na definicije i poreklo originalnih termina, kako su navedeni u svetskim rečnicima.

Klaster predstavlja termin koji je odomaćen u stručnom rečniku, upravo zbog toga što u srpskom jeziku ne postoji potpuno adekvatan termin koji bi opisao ovakvu pojavu.

Definicija data na prethodnoj strani u velikoj meri podržava moje lično mišljenje da je najbolji ekvivalent u srpskom jeziku i prevod engleske reči *Cluster,* termin *„ugrušak"*[3].

U tom smislu, klaster ne mora biti posebno homogen, niti imati posebnu unutrašnju strukturu. Ono što definiše klaster je njegova relativna izdvojenost iz okruženja. Kao što se zvezdani klaster ili ugrušak krvi jasno izdvaja iz okolne sredine.

Proces grupisanja podataka je prirodan ljudima i oni ga u okviru svojih ograničenja u smislu dimenzionalnosti prostora u kome to mogu da urade i broja podataka koji mogu da obrade, rade bolje nego savremeni računarski programi. Ovo je najlakše ilustrovati našom sposobnošću da sagledamo strukturu podataka koji se mogu vizuelno predstaviti. U slučaju slika 7 i 8, radi se o dvodimenzionalnom prikazu prostorne raspodele videa koji su podignuti na sajt YouTube za teritoriju Japana i analizirani u studiji opisanoj u [22]

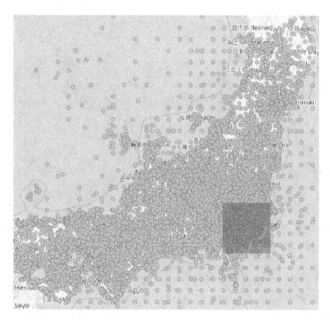

SLIKA 7 PROSTORNA DISTRIBUCIJA VIDEA PODIGNUTIH NA YOUTUBE, ZA TERITORIJU JAPANA.

---

[3] Nikako ne treba shvatiti da ova publikacija propagira uvođenje termina poput „analiza ugrušaka" ili „zgrušavanje podataka", već autor smatra da ovakav pogled na problem može biti od pomoći i onima koji se prvi put sa njime sreću i onima koji se već duže vreme njime bave.

Posmatrajući sliku 7, verovatno ćete vrlo lako uočiti određene grupe tačaka koje se izdvajaju u okviru oba grafička prikaza. Ljudski vizuelni sistem je vrlo dobar u prepoznavanju grupacija podataka koji se izdvajaju iz okoline. Treba obratiti pažnju na još par fenomena koje slika 7 ilustruje. Verovatno će vam na kopnu pažnju više privlačiti praznine u podacima, jer je u tom delu distribucija podataka toliko gusta, da sami podaci čine sredinu, tj. većinski deo prostora. Stoga je potreban svestan napor da se pažnja usmeri na same podatke. To već nije slučaj za poluostrva i manja ostrva koja su u većoj meri okružena vodom, gde se lako uočavaju klasteri, na sličan način kao što bi većina posmatrača svrstala manje-više sve prikazane tačke u jedan klaster višeg nivoa. Na slici 8 je dat uvećan prikaz regije Tokija označene na slici 7. Zavisno od nivoa na kome se podaci posmatraju, mogu se uočiti strukture klastera unutar klastera višeg nivoa. Podaci tipično formiraju hijerarhiju klastera, a nivo na kome ih je najpogodnije posmatrati zavisi od konkretne primene.

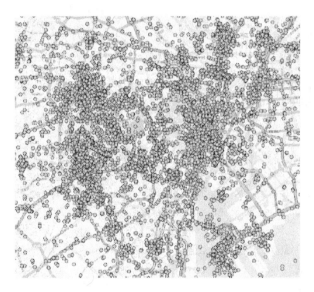

SLIKA 8 PROSTORNA DISTRIBUCIJA VIDEA PODIGNUTIH NA YOUTUBE, ZA TERITORIJU TOKIJA.

Slika 9 ilustruje još jedan problem kada se radi o grupisanju objekata. Koja od tri ucrtane linije predstavlja najbolji način grupisanja objekata? Odgovor je da to zavisi od nivoa na kome želite da grupišete podatke. Većina algoritama grupisanja zahteva podešavanje određenih parametara kako biste dobili izlaz koji želite. Često se radi o ograničenjima po pitanju rastojanja od centra klastera, ostalih objekata u klasteru, minimalnom broju objekata koji se u klasteru mogu naći ili minimalnoj gustini objekata u klasteru.

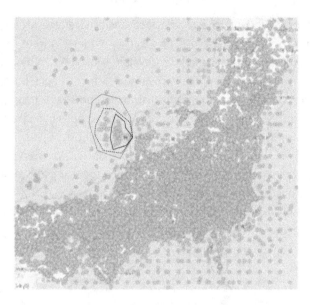

SLIKA 9 RAZLIČITI NAČINI GRUPISANJA.

Obratite sada pažnju na grupu objekata koje se nalaze u gornjem levom uglu slike 9. Da li ovi objekti formiraju klaster? Gde biste postavili granice tog klastera? Gde se nalazi centar tog klastera?

Različiti odgovori na ova i slična pitanja su doveli do razvoja velikog broja različitih metoda grupisanja instanci. Sve su ipak zasnovane na par pretpostavki:

- instance unutar jednog klastera su blizu i udaljene od instanci u drugim klasterima, ili instanci koje ne pripadaju ni jednom klasteru;
- klasteri predstavljaju delove prostora sa relativno velikim brojem instanci (instance su gusto raspoređene u ovim delovima prostora);
- distribucija instanci u klasteru ima određeni oblik.

Treba napomenuti da, iako ove hipoteze nisu isključive, u praksi se algoritmi najčešće zasnivaju na samo jednoj od njih. To prouzrokuje da svaka pojedinačna metoda dovodi do različitog grupisanja za isti skup podataka, te da za efektivnu primenu pojedinih metoda treba razumeti osnovne pretpostavke na kojima se zasnivaju i, ukoliko je to moguće, znati što više o prirodi i distribuciji ulaznih podataka.

Ukoliko se navedene pretpostavke matematički formulišu, moguće ih je direktno prevesti u algoritam grupisanja. Na primer, gustina instanci u klasteru se može izračunati kao broj instanci u klasteru podeljen sa površinom koju klaster zauzima.

Ukoliko nam je cilj da identifikujemo podelu podataka koja će stvoriti klastere najveće gustine, sve što je potrebno uraditi je isprobati sve moguće načine podele podataka i pronaći ono grupisanje koje maksimizuje ovaj kriterijum (gustinu). Ipak čak i za relativno male skupove podataka to nije praktično ostvarivo. Broj načina na koji se skup od n instanci može podeliti na g klastera je:

$$N_{(n,g)} = \frac{1}{g!} \sum_{k=1}^{g} \binom{g}{k} (-1)^{g-k} k^n$$

Ovaj izraz rezultira velikim brojem kombinacija i za umereno velike vrednosti n i g. Npr. za 25 instanci i 10 klastera: $N(25,10) \approx 2.8 \times 10^{18}$. Ukupni mogući broj podela za skup od n instanci je $\sum_{g=1}^{n} N_{(n,g)}$, a on je za $n=25$ veći od 10^{19}.

U odsustvu mogućnosti praktične primene ovakve iscrpne pretrage prostora podela, algoritmi grupisanja pokušavaju da iznađu razumna, suboptimalna rešenja bez uvida u sve moguće načine grupisanja.

Pre nego što se pozabavimo odabranim primerima različitih algoritama, treba napomenuti još dva fenomena koja se mogu uočiti na slikama Slika 7(gore) i Slika 9. Prvi se odnosi na to da često u podacima postoje instance koje su zasebne i teško mogu svrstati u neki klaster. Ovakve instance ćemo u ovoj publikaciji nazivati izolovanim instancama (*outliers*). Drugi se odnosi na to da ste verovatno primetili da određeni deo podataka formira kvadratnu rešetku. Kao što je objašnjeno u studiji [22], ovo je posledica ručnog unosa koordinata za videe podignute na YouTube servis. Iako postoji očigledan obrazac rasporeda ovih instanci koji ih povezuje, one ne čine klaster. To ne znači da se metode grupisanja ne mogu koristiti da se otkriju ovakve zavisnosti, već da bi se u tom slučaju najpre trebala izvršiti transformacija prostora (prostornih koordinata) koja bi dovela do toga da se instance koje formiraju kvadratnu rešetku u trenutnom prikazu grupišu. Takva transformacija bi najverovatnije dovela do toga da se klasteri koji su sada uočljivi rasformiraju, a svakako da promene oblik. Ovaj princip se nalazi u osnovi standardne prakse u eksploataciji podataka i mašinskom učenju, gde se pokušava naći transformacija obeležja koja pomaže da se uoče odgovarajuće zavisnosti [59], a koje izlaze iz okvira ovog teksta.

Metode grupisanja, dakle, pokušavaju da detektuju obrasce u podacima koji su posledica prostorne bliskosti, odnosno rastojanja instanci. Poimanje prostorne raspodele objekata i grupisanje objekata je operacija toliko prirodna ljudima da je radimo nesvesno. Računarima je, sa druge strane, potrebno jasno definisati prostor u kome se instance nalaze i njihov položaj. U slučaju našeg primera, to se može vrlo lako učiniti uvođenjem koordinatnog sistema čije su ose paralelne sa ivicama slike i specificiranjem koordinata svake tačke. Ono što možda nije odmah jasno je da ove koordinate, budući da nas ne zanima ništa osim položaja instanci, čine skup obeležja, koji sadrži samo dva elementa, a na bazi kog se vrši grupisanje.

Stvarna obeležja naših instanci, budući da se radi o geo-referenciranim videima sa YouTube-a, sadrže koordinate u vidu geografske dužine i širine, te nam uvođenje posebnog koordinatnog sistema nije neophodno. Kada imamo prostorne koordinate tačaka, postoji niz načina za izračunavanje njihovog rastojanja, o kojima će biti reči u daljem tekstu. U ovom trenutku je važnije obratiti pažnju na činjenicu da postoji mnogo više obeležja svakog videa, čije se vrednosti mogu prikupiti sa YouTube-a [22]. Tako video ima pridružen podatak o tome kada je snimljen/podignut na servis, kao i podatak o tipu sadržaja (turistički, sportski itd).

U opštem slučaju svaka instanca je opisana sa N obeležja i da bi računar mogao da izvrši grupisanje, potrebno je imati matematički izraz za udaljenost (rastojanje između) dve instance u prostoru obeležja koja koristimo. Stoga će u nastavku ovog poglavlja najpre biti dat kratak predlog metrika koje se najviše koriste za određivanje rastojanja instanci, kao i različitih načina na koje se ove mere mogu iskoristiti za izračunavanje rastojanja odnosno bliskosti klastera, a ne samo instanci.

Metode grupisanja se mogu podeliti u dve velike grupe na bazi toga da li smatramo da su sve instance povezane (hijerarhijske) ili dozvoljavamo da postoje izolovane instance koje ne pripadaju nijednom klasteru (parcijalne metode).

Prva grupa metoda se naziva hijerarhijskim metodama zbog toga što princip potpune povezanosti implicira da na najvišem nivou sve instance čine jedan veliki klaster a svi ostali klasteri nastaju nizom podela ovog klastera, formirajući hijerarhiju. Druga grupa metoda naziv duguje tome što vrši delimično svrstavanje skupa instanci u klastere. Primeri obe grupe algoritama će biti obrađeni u nastavku teksta. Na samom kraju ovog poglavlja će biti dati primeri primene grupisanja u okviru naše istraživačke grupe na Fakultetu tehničkih nauka.

Mere rastojanja instanci

Udaljenost dve instance, čije vrednosti obeležja uzimaju vrednosti u skupu realnih brojeva, se svodi na udaljenost dve tačke u euklidskom prostoru (R^n) i može se izraziti standardnim euklidskim rastojanjem. Standardno euklidsko rastojanje se računa kao kvadratni koren iz sume kvadriranih razlika vrednosti za svako obeležje.

$$\text{Distance (X,Y)} = \sqrt{\sum (x_i - y_i)^2}$$

gde $X=(x_1,...,x_i,...,x_n)$ i $Y=(x_1,...,x_i,...,x_n)$ predstavljaju tačke (vektore) određene vrednostima obeležja.

Pored standardnog euklidskog rastojanja, u algoritmima grupisanja često se koriste: kvadratna euklidska udaljenost, Menhetn udaljenost, Čebiševa mera rastojanja i Mahalanobijeva udaljenost.

Menhetn, standardna euklidska i Čebiševa mera rastojanja, predstavljaju rastojanja Minkovskog reda 1, 2 i beskonačnog [4], te se često nazivaju rastojanjima L_1, L_2 i L_∞ norme.

Kvadratna Euklidova udaljenost dva objekta određuje se kao suma kvadratnih razlika vrednosti za svako obeležje:

$$\text{Distance (X,Y)} = \sum (x_i - y_i)^2$$

Menhetn rastojanje, odnosno rastojanje na bazi gradskih blokova, pokušava da izrazi rastojanje koje bi pešak morao da pređe između dve tačke, ukoliko mora da se kreće po kvadratnoj rešetki koju formiraju gradske ulice. Udaljenost između dve tačke izražava se kao suma apsolutnih razlika vrednosti za sve varijable [11].

$$\text{Distance (X,Y)} = \sum_i \left| x_i - y_i \right|$$

Čebiševa mera, udaljenost između dva objekta izražava kao maksimalnu apsolutnu razliku između dve vrednosti bilo kog obeležja.

$$\text{Distance (X,Y)} = MAX \left| x_i - y_i \right|$$

Svaka od ovih metrika favorizuje određene odnose među vrednostima instanci obeležja. Tako će Čebiševa mera rastojanja potpuno zanemariti sve osim najveće razlike među vrednostima obeležjima, a sve su osetljive na raspon vrednosti obeležja. Tipična praksa je da se pre primene grupisanja ovaj problem reši tako što se vrednosti normalizuju na raspon [0,1].

Mahalanobijeva mera [4] rastojanja nema ovaj nedostatak, jer se bazira na stepenu korelacije pojedinih obeležja i izračunava se kao:

$$\text{Distance (X,Y)} = \sqrt{\sum (X-Y)^T S^{-1}(X-Y)}$$

gde S predstavlja matricu korelacije.

HIJERARHIJSKE METODE

Hijerarhijske metode moguće je podeliti u spajajuće (*agglomerative*) i deleće (*divisive*).

U svakom koraku spajajućeg hijerarhijskog pristupa jedna instanca ili klaster se uključuje u drugi klaster. U tom procesu broj klastera se smanjuje a sami klasteri se povećavaju. Kreće se od broja klastera koji je jednak broju instanci (N) , a završava sa jednim klasterom koji sadrži ceo skup podataka.

Deleće metode kreću sa jednim klasterom koji sadrži svih N instanci, pa ga iterativno dele, najčešće na dva dela. Konačni rezultat ovog pristupa je N klastera, od kojih svaki sadrži po jednu instancu.

Proces grupisanja hijerarhijskim metodama je nepovratan jer se bilo koja dva člana koja su ušla u jedan klaster kod spajajućih metoda više ne mogu tokom postupka razdvajati, dok se kod metoda deljenja, instance ne mogu naknadno premeštati u druge klastere.

Generisana hijerarhija klastera, koja predstavlja izlaz ovih algoritama, se tipično reprezentuje pomoću dijagrama u vidu stabla - dendograma. Mogućnost vizualizacije rezultata na ovaj način je osnovna prednost hijerarhijskih metoda grupisanja nad ostalim metodama, jer omogućava sagledavanje zavisnosti koje je algoritam pronašao u podacima. Slika 10 prikazuje primer dendograma. „Presecanjem" stabla na nekom nivou se dobija konkretno grupisanje. Ukoliko se to učini bliže korenu stabla, klasteri će biti veći. Što se ide više ka listovima broj klastera će biti veći, a sami klasteri manji.

Razdvajajuće metode hijerarhijskog grupisanja izlaze izvan okvira ove publikacije. Zainteresovane čitaoce upućujem na [5] i [6]. Spajajuće metode su opisane u nastavku.

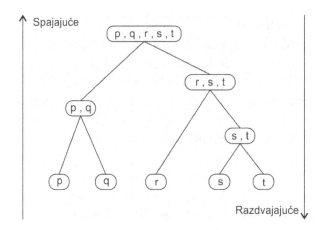

SLIKA 10 PRIMER DENDOGRAMA.

Spajajuće (Agglomerative) metode hijerarhijskog grupisanja

Hijerarhijske spajajuće (aglomerativne) metode grupisanja se znatno češće primenjuju od metoda deljenja. Postupak kojim se sprovodi grupisanje kod ovih metoda je iterativan. Najpre se pronađu dva najsličnija objekta (instance), koja se zatim povežu u klaster, zatim se pronađu naredna dva najsličnija objekta, bilo da su to dve nezavisne instance ili klasteri. Postupak se ponavlja sve dok se ne dođe do jednog klastera koji je sastavljen od svih početnih instanci.

Počevši od konfiguracije u kojoj svaka instanca predstavlja zaseban klaster, algoritam obično prolazi kroz sledeće korake:

- izračunava se matrica rastojanja koja sadrži rastojanja između svih mogućih parova klastera,
- traži se najmanje rastojanje,
- par klastera sa najmanjim rastojanjem se spaja,
- izračunavaju se rastojanja između novog klastera i ostalih klastera i formira se nova matrica rastojanja,
- ceo postupak se ponavlja dok u matrici rastojanja ne ostane samo jedan element.

Budući da spajajući hijerarhijski postupak kombinuje dva najbliža klastera u svakom koraku, potrebno je, pored mere rastojanja pojedinačnih instanci, imati i meru rastojanja dva klastera. Različiti pristupi merenju rastojanja među klasterima karakterišu i određuju različite metode grupisanja.

METODA NAJBLIŽEG SUSEDA

Metoda najbližeg suseda (*nearest neighbor/single linkage/shortest distance*) je jedna od najjednostavnijih metoda spajajućeg hijerarhijskog grupisanja. Grupisanje se vrši tako što se povezuju dva objekta koja imaju najmanje međusobno rastojanje (najveću sličnost). Rastojanje između klastera i pojedinog objekta određuje se kao najmanje rastojanje između tog objekta i njemu najbližeg člana tog klastera. Slično, rastojanje dva klastera se određuje kao rastojanje njihova dva najbliža člana:

$$D(X,Y) = min_{x \in X, y \in Y} \ d(x,y)$$

gde su *X* i *Y* dva klastera a *d(x,y)* je rastojanje između elemenata (instanci) *x* i *y* koji pripadaju različitim klasterima. Postupak je ilustrovan na slici 11 .

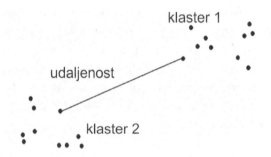

SLIKA 11 RASTOJANJE KLASTERA NA BAZI NAJBLIŽEG SUSEDA.

Metoda najbližeg suseda se naziva i metodom jednostrukog povezivanja, kao i metodom najkraćeg rastojanja.

METODA NAJDALJEG SUSEDA

Metoda najdaljeg suseda (*furthest neighbor/complete linkage*) funkcioniše na principu suprotnom metodi jednostrukog povezivanja. Rastojanje između dva klastera računa se na osnovu rastojanja između dva najudaljenija člana. Rastojanje dva klastera u slučaju metode potpunog povezivanja je:

$$D(x,y) = max_{x \in X, y \in Y} \ d(x,y)$$

gde su opet *x∈X* i *x∈Y* , elementi klastera *X* i *Y*.

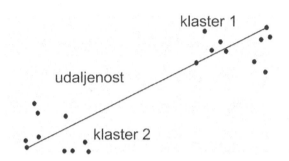

SLIKA 12 RASTOJANJE KLASTERA NA BAZI NAJDALJEG SUSEDA.

Metoda najdaljeg suseda se naziva i metodom potpunog povezivanja.

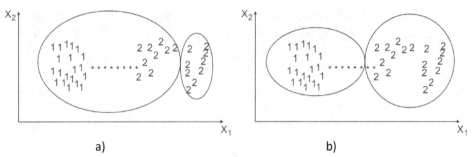

a)   b)

SLIKA 13 METODE NAJBLIŽEG I NAJDALJEG SUSEDA DAJU ZNAČAJNO RAZLIČITE REZULTATE.

Slika 13 ilustruje različito ponašanje metoda najbližeg i najdaljeg suseda pod određenim uslovima. Klasteri dobijeni metodom najdaljeg suseda, prikazani na slici 13(b), su kompaktniji od onih dobijenih metodom jednostrukog povezivanja, koji su dati na slici Slika 13(a). Levi klaster sa slike 13(a), dobijen upotrebom jednostrukog povezivanja, primetno je izdužen usled tankog niza upadljivih instanci označenih sa "*". Uprkos osetljivosti na ovaj raspored instanci, metoda najbližeg suseda je u većini slučajeva pogodnija od metode potpunog povezivanja zbog sposobnosti da izvrši grupisanje i u slučaju ugnježđenih klastera, kako je to prikazano na slici 14.

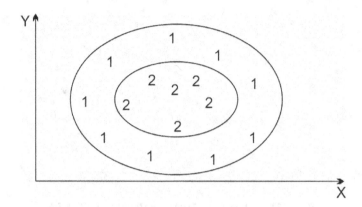

SLIKA 14 METODA NAJBLIŽEG SUSEDA SE MOŽE IZBORITI SA UGNJEŽĐENIM KLASTERIMA.

GRUPISANJE NA BAZI PROSEČNE POVEZANOSTI

Za razliku od prethodnih metoda, metoda prosečne povezanosti uzima u obzir sve tačke pri izračunavanju rastojanja klastera. Kod ove metode se rastojanje između dva klastera definiše kao prosečna udaljenost svih mogućih parova instanci, gde je svaki par sastavljen od po jedne instance iz svakog klastera. Udaljenost dakle ima oblik:

$$D(X,Y) = T_{XY} / (N_X * N_Y)$$

gde je T_{xy} suma rastojanja svih mogućih parova sastavljenih od po jedne instance iz svakog od klastera X i Y, a N_X i N_Y su veličine (broj instanci) klastera.

Iako je robusnija na efekte prouzrokovane položajem pojedinih instanci, ova metoda zahteva znatno duže vreme obrade od prethodno opisanih. Slika 15 ilustruje rastojanja koja se uzimaju u obzir prilikom izračunavanja rastojanja na osnovu prosečne povezanosti.

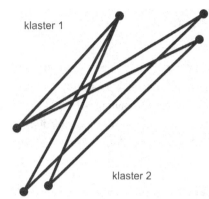

SLIKA 15 SREDNJA UDALJENOST INSTANCI PREDSTAVLJA UDALJENOST KLASTERA.

GRUPISANJE NA OSNOVU RASTOJANJA CENTROIDA

Ova metoda određuje udaljenost između klastera kao udaljenost između aritmetičkih sredina, odnosno centara mase klastera (njihovih **centroida**). Tokom grupisanja, nakon svakog pregrupisavanja instanci, vrši se ponovno računanje centroida. Kako centroidi zavise od oblika klastera, nedostatak centroidne metode je u tome što se početna udaljenost dva klastera može smanjiti između dva sukcesivna koraka analize, usled uključivanja dodatnih instanci. Ovo za posledicu ima efekat da se klasteri spojeni u kasnijim fazama ponekad više razlikuju nego oni spojeni u ranijim koracima, što je nepoželjno. Sa druge strane, prednost ove metode je u najmanjoj osetljivosti na šum u odnosu na druge opisane metode, jer se centar kompaktnog klastera slabo menja dodavanjem novih instanci.

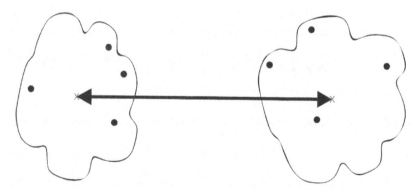

SLIKA 16 UDALJENOST KLASTERA SE ODREĐUJE NA OSNOVU CENTRA MASE.

Parcijalno grupisanje

Za razliku od hijerarhijskog prilaza, tehnike parcijalnog grupisanja identifikuju pojedinačne grupe podataka bez izgradnje kompletne strukture odnosa među instancama. Pristup se najčešće zasniva na pretpostavljanju inicijalne podele podataka i njenom daljem iterativnom poboljšavanju dok se ne postigne zadovoljavajući rezultat, prema unapred definisanom kriterijumu. Uobičajeno je da se krene od slučajno odabranog grupisanja ili grupisanja definisanog od strane korisnika, na bazi poznavanja podataka.

Verovatno najjednostavniji, ali i najefikasniji i najčešće upotrebljavan algoritam iz ove klase je algoritam K-srednjih vrednosti (K-means)[9].

Grupisanje na bazi K-srednjih vrednosti (K-means)

K-means algoritam je razvijen za rešavanje problema razvrstavanja instanci u K klastera, gde je K unapred poznato. Instance se grupišu na osnovu rastojanja od centroida klastera (srednje vrednosti).

Algoritam kreće od pretpostavke o tome gde se nalaze centri klastera, dodeljuje instance klasteru čiji je centroid najbliži, računa novu vrednost centroida i ponavlja postupak dok god rešenje ne konvergira. Konvergencija je postignuta kada nema novih raspoređivanja instanci po klasterima.

K-means je klasična tehnika grupisanja, čija jednostavnost i efikasnost je čine često zastupljenom u primenama [29][28][21]. Osnovna mana ovog načina grupisanja je što konačan raspored instanci po klasterima u mnogome zavisi od početnog položaja centara klastera i nema garancije da će konvergirati globalno optimalnom rešenju. Mala promena položaja centroida na početku procesa može dovesti do potpuno drugačijeg rasporeda instanci na kraju procesa. Uopšteno, nemogućnost dolaska do globalno optimalnog smeštanja instanci u klastere je mana svih tehnika parcijalnog grupisanja.

Kako bi se povećale šanse da se dođe do optimalnog grupisanja, najčešće se grupisanje ponavlja više puta sa različitim početnim položajima centara klastera i izabira najbolje rešenje.

Postoji niz načina da se optimizuje izbor inicijalnog položaja centroida. Većina uključuje ispitivanje podataka kroz nekoliko iteracija.

Jedna od mogućih, relativno naivnih, strategija je da se najpre odaberu instance koje se međusobno najviše razlikuju, pa da se njihove vrednosti uzmu kao početna vrednost centroida. Broj odabranih instanci, naravno, odgovara broju definisanih klastera. U sledećoj iteraciji se ispituju ostale instance, a nova instanca zamenjuje postojeću lokaciju njoj najbližeg centra, ako je njeno najmanje rastojanje od centra veće od rastojanja dva najbliža postojeća centra. Slično, instanca će zameniti postojeću procenu za položaj centra, ukoliko je najmanja udaljenost od te instance do centra, veća od najmanjeg rastojanja tog centra i svih drugih centara. Na taj način se dolazi do inicijalne procene za položaj centroida koja pokušava da maksimizuje rastojanje među njima, a centroidi odgovaraju instancama prisutnim u skupu.

K-means algoritam ostaje jedan od najefikasnijih i najčešće primenjivanih algoritama. Iako se, čak i u prostoru sa samo dve dimenzije, mogu konstruisati skupovi podataka koji dovode do toga da vreme konvergencije K-means algoritma bude eksponencijalno [10], oni se ne javljaju u praksi. Osnovna mana u primenama ovog algoritma je to što zahteva da se unapred odredi broj klastera, što nije uvek poznato. X-means, opisan u nastavku ovog dela teksta, predstavlja unapređenje ovog algoritma koje pokušava da prevaziđe ovo ograničenje.

GRUPISANJE NA BAZI X SREDNJIH VREDOSTI (*X-MEANS*)

Činjenica da korisnik unapred treba da specificira broj klastera koji želi da dobije ima za posledicu, pored ograničenja u pogledu primena, i efekat da algoritam K-srednjih vrednosti obično teži lošijem lokalnom optimumu nego što bi to bilo u slučaju da radi sa dinamičkom vrednošću za broj klastera.

Algoritam X srednjih vrednosti [11] pokušava da ispravi ove nedostatke i kao ulazni parametar, zahteva od korisnika samo da specificira interval za broj klastera na izlazu ([*Kmin,Kmax*]). Ideja kojom su se tvorci algoritma vodili je jednostavna. Ukoliko imamo određeni broj klastera i način da procenimo koliko je neko grupisanje dobro onda možemo pokušati da podelu unapredimo tako što ćemo pokušati da podelimo određeni klaster na dva manja, proveriti da li je ovakva podela bolja od početne i prihvatiti je ako jeste, a odbaciti ako nije.

X-means iterativno koristi klasični *K-means* algoritam kako bi delio klastere. Na početku izvršavanja *X-means* algoritam postavlja K na vrednost donje granice zadatog opsega broja klastera, a zatim nastavlja da deli pojedine klastere, ukoliko se time postiže kvalitetnija raspodela podataka. Proces se nastavlja sve dok se ne dosegne gornja granica zadatog opsega broja klastera. Tokom svakog koraka procesa čuva se ona konfiguracija centroida pri kojoj je zabeležena najbolja raspodela podataka. Konfiguracija koja se postigne na kraju algoritma daje konačnu raspodelu klastera.

X-means algoritam se dakle odvija kroz sledeći niz koraka koji se ponavljaju do kraja procesa grupisanja:

1) poboljšanje parametara grupisanja – izvršava *K-means* algoritam dok ne konvergira,
2) poboljšanje strukture grupisanja – naći koje klastere treba podeliti,
3) u slučaju da je vrednost K > K_{max}, algoritam zaustavlja dalje izvršavanje i na izlazu daje najbolji model podataka postignut tokom grupisanja. U suprotnom se algoritam vraća na korak 1.

Operacija poboljšanja parametara je jednostavna i sastoji se od pokretanja K-means algoritma do postizanja kriterijuma konvergencije. Poboljšanje strukture otkriva da li bi i gde trebalo dodati nove centroide u modelu podataka.

Ova operacija se odvija tako što se pokuša deoba svakog od postojećih klastera na dva dela. Na slici 17 je prikazan primer mogućeg inicijalnog grupisanja, pre pokušaja poboljšanja strukture. Centroidi su označeni većim tačkama.

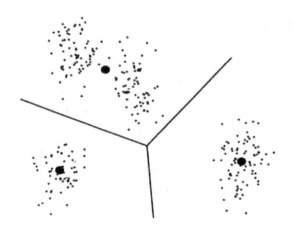

SLIKA 17 REZULTAT K-MEANS KLASTERIZACIJE SA TRI KLASTERA.

Operacija poboljšanja strukture modela podataka počinje deobom svakog centra klastera na dva dela na način koji prikazuje slika 11(a). Centroidi se pomeraju o suprotnim smerovima od pozicije prvobitnog centroida u pravcu slučajno odabranog vektora. Veličina pomeraja je proporcionalna veličini klastera. Nakon toga se izvršava „lokalni" K-means algoritam (K=2), čije ulazne vrednosti predstavljaju parovi ovako nastalih centroida. Novim centrima se pomoću K-means algoritma pridružuju tačke iz pripadajućeg regiona bez učešća tačaka iz susednih regiona.

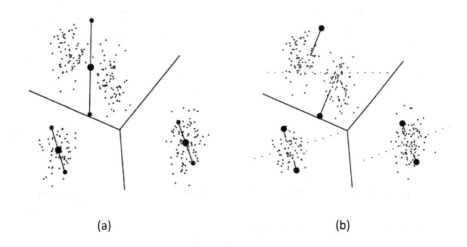

(a)   (b)

SLIKA 18 DEOBA KLASTERA.

Slika 11(b) prikazuje inicijalnu podelu instanci pre početka lokalnog 2-means algoritma u svakom od regiona, a slika 19(a) gde se nalaze novonastali centri nakon završetka svih lokalnih K-means algoritama. Nakon deobe svih regiona podataka, potrebno je izvršiti test kako bi se ustanovilo da li se ovim deobama došlo do povoljnijeg modela ili je prethodno stanje podjednako dobro opisivalo podatke. Ovo se u slučaju X-means algoritma vrši na osnovu klasičnih kriterijuma za selekciju najpovoljnijeg modela podataka iz seta modela: Bajesovog informacionog kriterijuma (BIC) kriterijuma, poznatog i kao Švarcov kriterijum ili Akaike informacionog kriterijuma (AIC). Informacioni kriterijum se računa za sve regione i upoređuju se vrednosti dobijene pre i posle izvršenih deoba. U slučaju da BIC vrednost za određeni region podataka padne nakon izvršenih deoba, promene u tom regionu se poništavaju i model se u tom delu vraća u prethodno stanje.

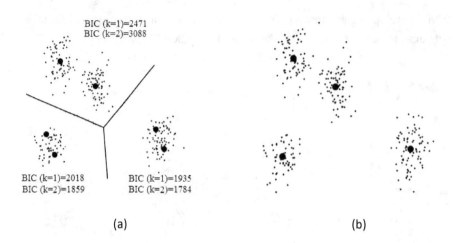

(a)   (b)

SLIKA 19 REZULTAT LOKALNE KLASTERIZACIJE (A) I UNAPREĐENA STRUKTURA GRUPISANJA (B).

GRUPISANJE NA BAZI TEORIJE GRAFOVA

Raspored tačaka u prostoru se relativno jednostavno može predstaviti u formi grafa ukoliko se svaka instanca poveže sa ostalima ivicama čija dužina odgovara rastojanju između instanci koje povezuje.

Kada je skup podataka konstruisan, mogu se primeniti standardne metode analize grafova, kako bi se izvršilo grupisanje podataka. Klasični pristup ovom problemu se zasniva na konstruisanju najmanjeg ili najvećeg stabla koje povezuje sve instance (*spanning tree*) [13].

Detaljan opis metoda zasnovanim na grafovima izlazi iz okvira ove publikacije, ali pruža zanimljiv pogled na problem grupisanja, pa je kratak opis jedne od najčešće korišćenih metoda, metode najmanjeg povezujućeg stabla, primeren.

Primer jednog takvog stabla je prikazan na slici 20. Kada je stablo konstruisano, podela instanci se može vrlo lako izvršiti tako što se brišu najduže ivice stabla i na taj način formiraju klasteri. Povezani delovi grafa predstavljaju klastere. Uklanjanjem najduže ivice u primeru prikazanom na slici 20 dobijaju se dva klastera, uklanjanjem sledeće dobijaju se tri itd.

Pored pristupa zasnovanog na brisanju najdužih ivica, grupisanje se može ostvariti i na osnovu drugih kriterijuma. U svakom slučaju, ivice koje se brišu su one koje u nekom smislu odskaču od ostalih – nekonzistentne su.

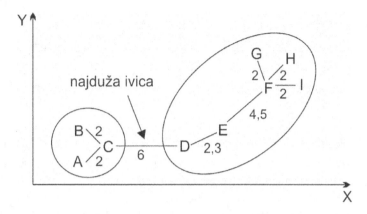

SLIKA 20 GRUPISANJE NA BAZI GRAFA.

Zan, na primer, smatra da se ivica se može smatrati nekonzistentnom ako je značajno duža od dužine ostalih ivica povezanih sa istim podatkom [14]. Ovaj kriterijum uklanjanja ivica je osetljiv na lokalne uslove gustine podataka, te njegov predlog predstavlja jedan od najranijih pokušaja formiranja algoritma grupisanja na bazi gustine raspodele podataka. Postupak je ilustrovan na slici 21. Tačke u kojima su detektovane nekonzistentne ivice su označene na srednjem prikazu.

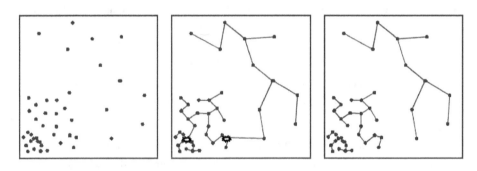

SLIKA 21 GRUPISANJE NA BAZI GRAFOVA UKLANJANJEM NEKONZISTENTNIH IVICA.

GRUPISANJE ZASNOVANO NA GUSTINI PODATAKA

Metode grupisanja zasnovane na gustini (*density based*) predstavljaju relativno nov pristup i, kako im ime kaže, razvrstavaju instance u grupe tako što razdvajaju regije prostora prema gustini raspodele instanci.

DBSCAN

Možda najčešće upotrebljavan algoritam ove grupe metoda je DBSCAN (*Density-Based Spatial Clustering of Applications with Noise*) [7]. Ključna ideja na kojoj se metoda zasniva je pojam guste dostupnosti (*density reachability*).

Instanca q je **direktno gusto dostupna** u odnosu na instancu p, ukoliko je rastojanje između dve instance je manje od $\mathcal{E}$ (nalazi se u $\mathcal{E}$–okolini instance p) i ako se u okolini instance p nalazi dovoljno instanci da se q i p mogu smatrati delom jednog klastera.

Instanca q je **gusto dostupna** u odnosu na instancu p, ukoliko postoji niz tačaka $p_1,...,p_n$, gde je $p_1=p$ i $p_n=q$, za koji važi da je p_{i+1} direktno gusto dostupno u odnosu na p_i.

Relacija guste dostupnosti nije simetrična, q može ležati na ivici klastera i imati suviše malo suseda da bi p bilo gusto u odnosu na q, iako obrnuto važi. Stoga se definiše pojam guste povezanosti. Dve instance p i q su gusto povezane ukoliko postoji instanca o takva da su i p i q gusto dostupne u odnosu na o. Gusta povezanost je simetrična.

Klaster predstavlja podskup instanci koji zadovoljava dva uslova:
1. Sve tačke klastera su međusobno gusto povezane.
2. Ako je tačka gusto povezana sa bilo kojom tačkom klastera, onda je i ona deo klastera.

Dva parametra algoritma su upravo veličina $\mathcal{E}$-okoline ($\mathcal{E}$) reprezentativne instance i minimalni broj tačaka koje treba da budu u okviru zadanog rastojanja od reprezentativne instance.

Algoritam kreće od proizvoljne instance koja još nije obrađena. Njena okolina se ispituje, i ako sadrži dovoljan broj instanci, započinje se klaster. Ukoliko to nije slučaj, tačka se označava kao šum. Treba obratiti pažnju da to ne znači da status instance tačke neće biti promenjen kasnije ukoliko se utvrdi da pripada odgovarajuće brojnoj (gustoj) okolini neke druge instance.

Ukoliko se u bilo kom koraku otkrije da tačka pripada klasteru, njena okolina takođe pripada tom klasteru, tako da se sve instance u njenoj okolini dodaju klasteru, kao i tačke u njihovoj okolini, ukoliko im je okolina dovoljno gusta. Proces se nastavlja sve dok se ne formira ceo gusto povezan klaster. Nakon toga se prelazi na sledeću neobrađenu instancu i ona se obrađuje, što dovodi do otkrića novog klastera ili šuma.

Kao jedan od najsavremeniji algoritama grupisanja, DBSCAN ima nekoliko značajnih dobrih osobina:
- ne zahteva poznavanje broja klastera unapred,
- može da nađe klastere proizvoljnog oblika i nije toliko osetljiv na slučajeve kada su klasteri povezani tankom linijom tačaka,
- ima pojam šuma, te ne svrstava sve tačke u klastere i
- u velikoj meri je neosetljiv na redosled obrade tačaka u skupu.

Najveća mana ovog algoritma je u tome što je teško pravilno proceniti ulazne parametre, a konačni rezultat je u velikoj meri osetljiv na njihove vrednosti. Pored toga, DBSCAN ima problem sa procesiranjem skupova podataka u kojima gustina instanci jako varira od klastera do klastera, jer se rukovodi ulaznim parametrima kao konstantnim vrednostima.

OPTICS

OPTICS (*Ordering Points To Identify the Clustering Structure*) [8] algoritam predstavlja generalizaciju DBSCAN metode kako bi se omogućilo korišćenje većeg broja različitih ε-okolina i zamenjuje ovaj parametar DBSCAN algoritma sa maksimalnim radijusom pretrage (ε). Drugi parametar algoritma je, slično DBSCAN-u, minimalni broj instanci (μ), ali on u slučaju OPTICS-a ima dvostruko značenje.

Ukoliko instanca p ima najmanje μ instanci u svojoj ε-okolini, ona se smatra jezgrom (*core point*). Formalno:

$$|N_\varepsilon(p)| > \mu$$

gde je $N_\varepsilon(p)$ skup tačaka u ε-okolini p.

Za razliku od DBSCAN algoritma, OPTICS, pored samih jezgara, uzima u obzir i tačke instance koje su već deo nekog gustog klastera. Tako se za svaku instancu izračunava rastojanje od jezgra:

$$dj_{\mu,\varepsilon}(p) = \begin{cases} nedefinisano, & |N_\varepsilon(p)| < \mu \\ rastojanje\ od\ \mu - te\ tačke, & |N_\varepsilon(p)| \geq \mu \end{cases}$$

Na osnovu ove mere se određuje i rastojanje dostupnosti između dve tačke p i o, kao:

$$dd_{\mu,\varepsilon}(p,o) = \begin{cases} nedefinisano, & |N_\varepsilon(o)| < \mu \\ \max\big(dj_{\mu,\varepsilon}(p), d(p,o)\big), & |N_\varepsilon(o)| \geq \mu \end{cases}$$

gde $d(p,o)$ predstavlja rastojanje između tačaka p i o.

Intuitivno $dd_{\mu,\varepsilon}(p,o)$ predstavlja prečnik ε-okoline ε', koji je manji ε, ali dovoljan da tačke p i o pripadaju istom klasteru.

Rastojanje od jezgra i rastojanje dostupnosti je nedefinisano ukoliko ne postoji dovoljno gust klaster. Ukoliko je vrednost parametra ε dovoljno velika, to se nikada neće desiti, ali će u tom slučaju svaka ε-okolina sadržati celu bazu podataka, što će rezultovati dugim vremenom izvršavanja. Stoga je potrebno postaviti parametar na vrednost koja će izbaciti iz razmatranja klastere čija je gustina toliko mala da se više ne smatraju interesantnima.

Teoretski je moguće staviti ε uvek na najveću moguću vrednost, pa se često kaže da OPTICS eliminiše ovaj parametar u odnosu na DBSCAN.

Izlaz OPTICS algoritma predstavlja dijagram dostupnosti, na osnovu koga se lako može konstruisati dendogram. Dijagram dostupnosti je dvodimenzionalni grafikon na kome se na x-osi nalaze distance sortirane prema bliskosti a na y-osi vrednosti rastojanja dostupnosti. Doline na ovom prikazu odgovaraju klasterima. Što je dolina dublja, klaster je gušći. Primer ovakvog dijagrama je dat na slici 22.

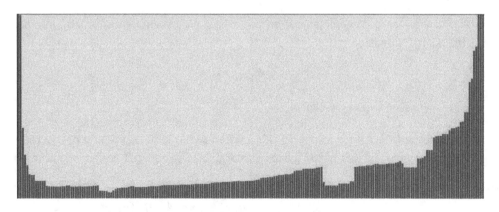

SLIKA 22 IZLAZ OPTICS-A JE DIJAGRAM DOSTUPNOSTI.

PRIMENE GRUPISANJA

Potreba za grupisanjem se javlja u velikom broju primenjenih istraživanja iz domena otkrivanja znanja, mašinskog učenja i računarske vizije (*Computer Vision*). Pored osnovne namene koja se svodi na segmentaciju skupa podataka, u našim istraživanjima koristimo je i za potrebe prikaza podataka, kao i za redukciju broja podataka koji se koriste u daljim obradama.

Moj prvi ozbiljan susret sa grupisanjem je bio upravo u domenu računarske vizije [15] gde često postoji potreba da se izdvoje regioni slike koji odgovaraju pojedinim objektima. U navedenoj publikaciji je korišćen algoritam segmentacije baziran na grafu, koji je razvijen isključivo za potrebe segmentacije slike na osnovu boje. Ovo nije redak slučaj i često su algoritmi koji se koriste u računarskoj viziji prilagođeni toj primeni, najčešće zbog velikog broja podataka koje treba obraditi i potrebne brzine izvršavanja. Bez ulaženja u detalje, jedna slika HD videa pune rezolucije, koji je danas praktično standard, ima oko 2 miliona tačaka, a jedan sekund videa preko 50 miliona. Upravo zbog toga se metode na bazi grafova uglavnom ograničavaju na primene sa slikom, a ne videom, odnosno ne koriste se za direktno grupisanje podataka videa, već nakon izdvajanja određenih obeležja koja su u stanju da opišu pojedine objekte u sceni, sliku ili video sa znatno manje vrednosti.

U primenama koje se bave obradom video zapisa je *K-means* algoritam bio naš najčešći izbor [31][29][21].

Studija opisana u [21] je od posebno značaja zbog toga što se u potpunosti oslanja na grupisanje kako bi iz skupa od preko 2000 videa, slučajno preuzetih sa servisa YouTube, izdvojila reprezentativan uzorak videa različitog kvaliteta. Budući da su videi sadržali oko 90 miliona slika (okvira), naš pristup se morao izvesti u dve faze, kako bi se mogao uraditi u relativno kratkom vremenu, koristeći računarske resurse jednog prosečnog personalnog računara. Postupak je prikazan na slici 23.

U prvoj fazi je svaka video sekvenca tretirana zasebno. Najpre je potrebno izdvojiti obeležja koja su relevantna za problem koji proučavamo. U konkretnom slučaju, obeležja koja su korišćena su namenjena upravo proceni kvaliteta videa. Detaljan opis načina njihovog izračunavanja je dat u [16]. Nakon izdvajanja obeležja, dobijen je vektor od 17 obeležja za svaku drugu sliku u video sekvenci. Budući da se u našem skupu nalazi preko 90 miliona slika, ukupan broj vrednosti obeležja je i dalje relativno veliki (preko 765 miliona), te je potrebno izvršiti dalju redukciju skupa podataka. Stoga se u prvoj fazi izvršava inicijalno grupisanje podataka na nivou pojedinačnog videa, *k-means* metodom. Imajući u vidu prosečnu dužinu videa na YouTube servisu, koja iznosi manje od 3 minuta, broj klastera je unapred određen i postavljen na 100, kako bi se u proseku dobio jedan centroid na nešto manje od 2 sekunde videa. Ovo ni u kom slučaju ne predstavlja optimalno rešenje, ali je dobra aproksimacija koja osigurava da će svi negativni efekti u video sekvenci biti predstavljeni bar jednim centroidom koji se dobije kao izlaz grupisanja u prvoj fazi. Izlaz prve faze predstavlja skup 100 centroida klastera, koji nazivamo *potpisom videa*.

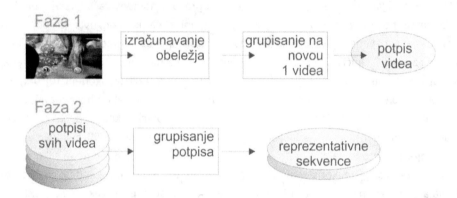

SLIKA 23 IZDVAJANJE REPREZENTATIVNIH VIDEO SEKVENCI IZ SKUPA SLUČAJNO PREUZETOG SA YOUTUBE.

Potpisi svih videa su zatim prikupljeni u skup podataka koji predstavlja ulaz druge faze procesa. Obratite pažnju da je preko 90 miliona slika u ovom trenutku predstavljeno sa nešto preko 200 hiljada vektora, sa po 17 vrednosti, što predstavlja značajnu redukciju broja podataka na kojima treba izvršiti dalje grupisanje. Polazeći od skupa koji je nastao unijom video potpisa, sprovodi se druga faza grupisanja, na osnovu koje se nalazi 45 novih klastera, koji bi trebali da odgovaraju različitom kvalitetima videa koji postoje u našoj bazi podataka. Broj klastera je opet određen konkretnom primenom i u ovom slučaju uslovljen potrebom da se ispita kvalitet naše metode, tako što će se videi koji su najbliži centroidima finalnih klastera, prezentovati gledaocima i prikupiti njihovo mišljenje o kvalitetu.

Ono na šta treba obratiti pažnju je činjenica da je u ovoj primeni relativno jednostavno određen broj klastera u obe faze postupka, na osnovu poznavanja problema i porekla podataka, odnosno na osnovu ograničenja koje nameće domen primene sa stanovišta validacije rezultata.

Dalje, problem procene kvaliteta grupisanja u opštem slučaju nije rešen i zavisi od primene. Hijerarhijske metode se često primenjuju zbog toga što se odluka o tome na kom nivou preseći dendogram i formirati finalne klastere ostavlja ljudskom ekspertu i može se menjati po potrebi. Slično je i sa OPTICS algoritmom. U slučaju kada se grupisanje izvodi za potrebe klasifikacije ili regresije, moguće je posredno proceniti kvalitet rešenja, primenom mera performansi karakterističnih za ove zadatke.

U slučaju opisanog primera, kriterijum koji je definisan kao cilj istraživanja je dobijanje reprezentativnih videa za koje će gledaoci smatrati da su značajno različiti u pogledu kvaliteta. Reprezentativni videi iz pojedinih klastera su prikazani gledaocima prateći standardnu laboratorijsku proceduru za ovakva ispitivanja. Pošto su mišljenja gledalaca prikupljena i obrađena, standardni statistički testovi (t-test i ANOVA [32]) su primenjeni kako bi se pokazalo da se ocene gledalaca date videima iz istog klastera ne razlikuju (statistički) značajno, dok se ocene date videima iz različitih klastera značajno razlikuju.

Primena grupisanja, kao prve faze koje prethodi primeni nekoga drugog algoritma mašinskog učenja, predstavlja praksu koju relativno često koristimo kada je inicijalni skup podataka velik. Pristup na osnovu video potpisa je iskorišćen i u studiji [21], dok je u [28] takav pristup je korišćen i da bi se skup namenjen predviđanju ponašanja korisnika telekomunikacionih usluga smanjio 10 puta. Krajnji rezultat predviđanja je potvrdio da to nije dovelo do značajnog pada performansi u odnosu na pristupe bazirane na kompletnom skupu podataka, koji je u ovoj studiji bio realan skup doniran od strane telekomunikacione kompanije Orange, za potrebe KDD (Knowledge Discovery and Data Mining) kup takmičenja za 2009 godinu.

Iako bi se moglo pomisliti da jednostavniji i efikasniji algoritmi eksploatacije podataka gube na značaju usled porasta računarskih kapaciteta, oni ostaju u fokusu istraživanja. Razlog za to je znatno brži porast broja podataka koji se prikupljaju i mogu potencijalno iskoristiti. U momentu pisanja ovog teksta, korisnici na YouTube podižu 72 sata videa svakog minuta [34], dok najpopularniji servis za deljenje fotografija ima više od 6 milijardi instanci, a taj broj se uvećava za, u proseku, 46 miliona fotografija mesečno [35]. Ovakva količina podataka predstavlja veliki izazov ali i priliku za primenu metoda i tehnika otkrivanja znanja. Iako ovi podaci imaju određene nedostatke usled činjenice da se ne može kontrolisati proces prikupljanja, oni imaju veliku prednost zbog toga što su javno dostupni.

U okviru naše istraživačke grupe posebno smo se pozabavili analizom ovakvih javno dostupnih, korisnički generisanih sadržaja. Slike 7 i 8 su rezultat upravo jedne takve studije [22] u kojoj su prikupljeni i analizirani meta podaci, koji opisuju nastanak i sam sadržaj videa, za videe geo-referencirane na teritoriji Japana. Sam sadržaj videa nije korišćen. Za potrebe studije je korišćena implementacija OPTICS algoritma koja je deo

skupa alata za vizuelnu analizu geografskih podataka (V-Analytics), CommonGIS geo-
informacionog sistema. Ovo rešenje otvorenog koda je možda najbolji alat za analizu
podataka i pored mogućnosti prostornog grupisanja, omogućava i analizu trajektorija. U
slučaju naših studija podataka sa YouTube i Flickr servisa [24][25][26][27], trajektorije
predstavljaju vremenski i geografski određeni podaci prikupljeni za pojedinačne
korisnike. Metode grupisanja predstavljaju nezamenljiv alat za istraživanje ovakvih
podataka, sa nizom mogućih praktičnih primena. Takvim analizama se mogu
identifikovati mesta najatraktivnija za turiste u nekom regionu, analizirati generalni
trendovi kretanja u okviru lokalnih regiona [25][27], koji mogu biti od interesa i sa
urbanističke i sa turističke tačke gledišta, a može se dobiti uvid i u generalne trendove
kretanja na nivou kontinenata [26].

Neki rezultati dobijeni ovim pristupom su prikazani na slikama koje slede. Slike 24 i 25
prikazuju rezultate analize podataka prikupljenih sa servisa Flickr za teritoriju Berlina,
opisane u [26].   Kao što slika 24 prikazuje, OPTICS uspešno identifikuje lokacije
interesantne turistima. Primenom prostorno-vremenskog grupisanja trajektorija
moguće je identifikovati globalne tokove kretanja ovih korisnika Flickr servisa. Rezultat
ovakve analize je prikazan na slici 25.

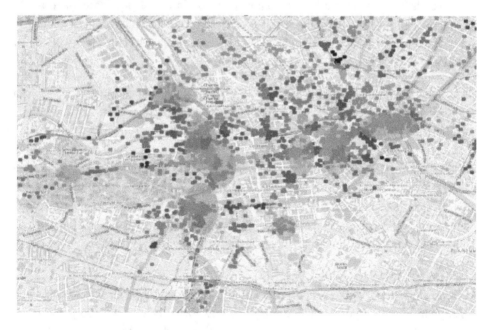

SLIKA 24 REZULTATI OPTICS GRUPISANJA FLICKR PODATAKA ZA CENTAR BERLINA.

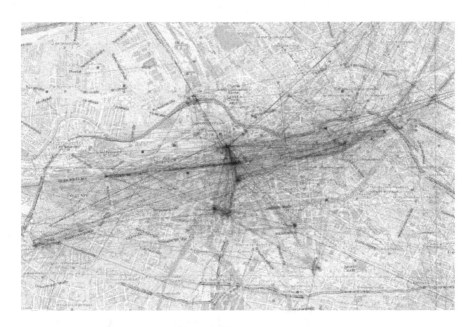

SLIKA 25 TOK TURISTA KROZ CENTAR BERLINA.

SLIKA 26 GRUPISANE TRAJEKTORIJE KORISNIKA FLICKR (PLAVE) I YOUTUBE (CRVENE) SERVISA NA TERITORIJI DABLINA, IRSKA.

Na slici 25 je prikazan rezultat komparativne studije sprovedene za podatke sa Flickr-a i YouTube-a za teritoriju Dablina, Irska [25]. Prikazani su tokovi bazirani na isključivo prostornom grupisanju trajektorija, primenom tehnike tipične za *V-Analytics*. Tok između dve tačke se prikazuje dvostrukom strelicom koja pokazuje tok u jednom i drugom smeru, a debljina strelice odgovara broju korisnika koji su se kretali u tom smeru. Studija je potvrdila intuitivnu hipotezu: videi se više koriste za dokumentovanje događaja, dok su fotografije bolje za detektovanje atraktivnih lokacija, građevina i spomenika.

Konačno, slika 27 prikazuje rezultate analize kretanja korisnika Flickr-a za ceo Afrički kontinent, opisane u [26], i prikazuje generalne trendove kretanja koji se mogu uočiti. U studiji su čak uspešno detektovani tipovi prevoza i prevoznici koji se najviše koriste. Ovakve globalne studije su od interesa za proučavanje generalnih zakonitosti kretanja ljudi i imaju potencijalne primene u prevenciji širenja infektivnih bolesti.

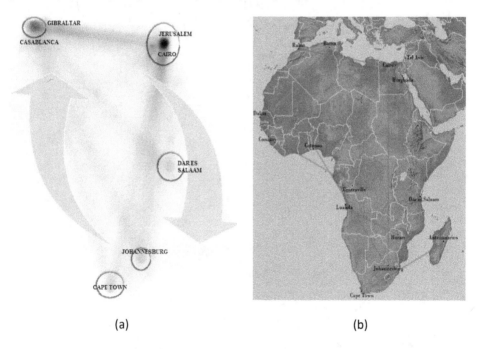

(a)   (b)

SLIKA 27 GLOBALNI TRENDOVI KRETANJA KORISNIKA FLICKR SERVISA ZA TERITORIJU AFRIKE.

KLASIFIKACIJA

Iako za rešavanje problema klasifikacije postoji veliki broj metoda mašinskog učenja, one se mogu grubo podeliti u dve grupe: metode bazirane na izgradnji modela koji nam omogućava razvrstavanje novih instanci i lenje metode, koje razvrstavanje novih instanci vrše na osnovu direktnog poređenja sa instancama za koje imamo informaciju o klasi.

Lenje metode se tako nazivaju zbog toga što rešavanje zadatka ostavljaju za momenat kad je potrebno klasifikovati nove instance, dok metode na bazi modela unapred „uče" model koji omogućava brže i efikasnije razvrstavanje novih instanci u trenutku kada se za to pojavi potreba. Lenje metode se često nazivaju i metodama baziranim na instancama (*instance based*).

Jedna od najjednostavnijih i najčešće korišćenih lenjih metoda je metoda k najbližih suseda. Ujedno, ona se temelji na konceptima na kojima su zasnovane i metode grupisanja, pa je primereno da diskusija u ovom poglavlju započne opisom ovog postupka.

Kada se radi o metodama zasnovanim na modelima, među najjednostavnijim i ujedno najkorisnijim modelima koje se koriste u našim istraživanjima su modeli na bazi stabala odlučivanja, pa će ona biti posebno obrađena u ovom poglavlju.

Konačno, pozabavićemo se primerom metoda koje kombinuju više klasifikatora (ansambl metode) i pokazati kako se na ovaj način ostvaruju vrhunske performanse u predviđanju.

Metoda K najbližih suseda

Ovaj algoritam je jedan od najjednostavnijih algoritama mašinskog učenja i temelji se na principu „s kim si, takav si". Slika 28 prikazuje zamišljenu situaciju u kojoj je potrebno odrediti oblik za neklasifikovanu instancu. Koji oblik biste vi dodelili nepoznatom objektu, koji je predstavljen krugom?

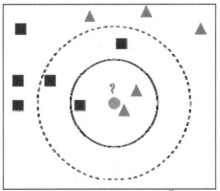

SLIKA 28 GRUPISANJE NA BAZI K NAJBLIŽIH SUSEDA.

Ova metoda instance, za koje je nepoznata klasifikacija, pridružuje klasi kojoj pripada k njenih najbližih klasifikovanih (označenih) suseda, uz ograničenje da svrstani susedi moraju biti u okviru okoline određenog radijusa. Proces se iterativno ponavlja dok se sve instance ne svrstaju u neku od klasa ili do trenutka konvergencije, kada više nema novih svrstavanja instanci u klase.

Jedini parametri algoritma su broj suseda (k) koji se uzima u obzir i granično dozvoljeno rastojanje (r). Tipična vrednost k je relativno mali, naravno ceo broj.

Ponašanje algoritma u velikoj meri zavisi od vrednosti parametra *k*. Najjednostavniji slučaj je kada je *k*=1. Tada se nesvrstana instanca pridružuje onoj klasi kojoj pripada njen najbliži sused. Ovaj, prilično naivan način svrstavanja instanci u klase može da dovede do velikih grešaka, ali je vrlo efikasan kada je broj podataka veliki. Sa porastom broja instanci u skupu podataka raste pouzdanost ove metode grupisanja, jer raste verovatnoća da najbliži klasifikovani susedi adekvatno reprezentuju raspodelu između klasa.

Sa povećavanjem vrednosti *k*, klasifikacija će se vršiti na osnovu više instanci, pa je intuitivno takav pristup robusniji. Na žalost, sa porastom broja instanci, narušavamo implicitnu pretpostavku algoritma da je lokalna raspodela klasa predstavljena lokalno lociranim instancama – što se veći broj instanci koristi, veći broj njih će biti na većoj udaljenosti od neklasifikovane instance. Kako bi se umanjio ovaj efekat, algoritam se može unaprediti tako što se svaka od susednih instanci različito boduje u zavisnosti od njenog rastojanja od nesvrstane instance. Na taj način instance koje su bliže imaju veći uticaj na odabir klase. Takva varijanta algoritma se naziva težinska, jer se instancama dodeljuje težina koju imaju pri donošenju odluke.

Povećanje broja suseda najčešće dovodi do boljih rezultata klasifikacije, ali prouzrokuje i porast vremena obrade podataka, te je važno pokušati odrediti vrednost parametra *k* koja obezbeđuje dovoljnu otpornost metode na šum, a ujedno omogućava prihvatljivo vreme obrade. Postoji mnogo pristupa određivanju ovog parametra, a jedan od popularnih načina da se odredi vrednost k je da se uzme kvadratni koren ukupnog broja instanci ($k = \sqrt{n}$), jer se u tom slučaju može pokazati da algoritam teoretski konvergira sa porastom *n*. Ovo ipak u praksi predstavlja relativno veliki broj suseda koje treba ispitati, čak i za umerene vrednosti *n*. Stoga savetujem da u primenama pokušate *k* da odredite empirijski i sprovedete eksperimente za različite vrednosti *k*.

Obratite pažnju da se *k*-najbližih suseda može lako prilagoditi za rešavanje problema regresije. Ukoliko se želi predvideti numerička vrednost, dovoljno je uzeti numeričku sredinu (ili neku drugu željenu statistiku) vrednosti, odgovarajućeg obeležja suseda.

Treba napomenuti da je algoritam k-najbližih suseda, i pored svoje jednostavnosti, 2007 godine uključen u skup deset najboljih algoritama za istraživanje podataka [37].

STABLA ODLUČIVANJA

U drugom poglavlju je pokazano kako se WEKA jednostavno može iskoristiti za učenje stabla odlučivanja iz podataka. U ovom delu ćemo pokušati da razumemo proces kojim je ovo ostvareno.

Pre svega, pogledajmo bliže šta jedno stablo odlučivanja predstavlja[4]. Kako mu ime kaže, stablo odlučivanja grafički prikazuje proces donošenja odluke. U našoj primeni, odluka se odnosi na naziv klase koji treba dodeliti neklasifikovanoj instanci. Na slici 29 je prikazano stablo odlučivanja koje ilustruje proces donošenja odluke o tome da li nekome treba prepisati tvrda, meka sočiva ili osoba nije pogodna za nošenje sočiva. Kada se pokušava doneti odluka za novog pacijenta (instancu), stablo se prolazi od vrha (ovo je u stvari koren stabla) na dole.

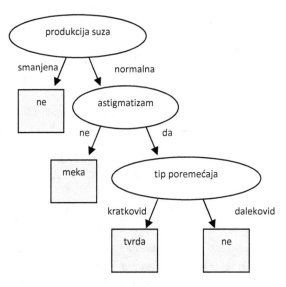

SLIKA 29 STABLO ODLUČIVANJA ZA SELEKCIJU TIPA SOČIVA.

Čvorovi u stablu za odlučivanje predstavljaju korake u kojima se vrši testiranje vrednosti određenog obeležja. Test najčešće predstavlja upoređivanje vrednosti atributa sa nekom konstantom. U stablu na slici 29 prvi test se odnosi na to kakvu produkciju suza

---

[4] Ovo vam je verovatno u velikoj meri jasno još od drugog poglavlja, jer su stabla vrlo intuitivni modeli, ali nam je potrebno da formalno definišemo nazive za pojedine elemente stabla.

pacijent ima. Ukoliko je ona smanjena, kreće se levom granom i dolazi do lista (čvora u kome više nema grananja). U ovom momentu je proces završen i pacijent pripada klasi koja nije pogodna za nošenje sočiva. Ukoliko je u prvom koraku produkcija suza normalna, instanca se usmerava dalje niz stablo, niz granu koja odgovara uslovu normalne produkcije suza. Proces se nastavlja sve dok instanca na završi u jednom od listova, kada je instanca klasifikovana u zavisnosti od toga kojoj klasi pripada list.

Testovi u čvorovima u našem primeru su relativno jednostavni. U nekim stablima se porede dva atributa međusobno, ili koriste funkcije nad jednim ili više atributa.

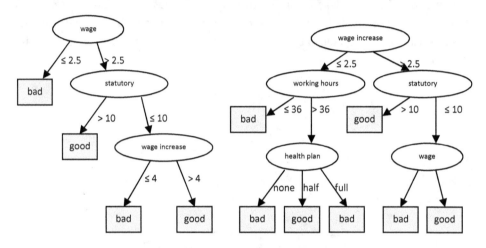

SLIKA 30 STABLA SA NUMERIČKIM ATRIBUTIMA.

Ako atribut koji testiramo u čvoru ima nominalnu vrednost, broj njegovih naslednika (čvorova sledećeg nivoa ka kojima se može krenuti) je uobičajeno broj mogućih vrednosti atributa. U ovakvom slučaju, budući da postoji posebna grana za svaku moguću vrednost, isti atribut neće biti ponovo testiran dalje niz stablo. Ponekad se vrednosti atributa dele u dve podgrupe i stablo se uvek grana na dve strane – binarno je. U tom slučaju atribut može biti testiran više od jednog puta prilikom donošenja odluke.

Ako je atribut numerički, testiranje u čvoru će se tipično vršiti tako što se vrednost atributa upoređuje sa unapred odabranom konstantom, utvrđujući da li je veća ili manja od nje. Može biti korišćeno i trosmerno razdvajanje, pri čemu postoji nekoliko uobičajenih mogućnosti za izbor uslova treće grane. Ako se nedostajuća vrednost tretira kao dodatna vrednost atributa, onda će treća grana biti posvećena takvim vrednostima. Za celobrojne vrednosti atributa trostrano razdvajanje se može realizovati kao: manje od, jednako i veće od. Za realne vrednosti atributa, obično se vrši testiranje da li vrednost pripada nekom opsegu vrednosti: nalazi se ispod, u okviru ili iznad opsega. Atribut numeričkog tipa se najčešće testira nekoliko puta u bilo kom smeru niz stablo, od korena do lista, pri čemu se svaki test obavlja sa drugom konstantom. Primeri stabala odlučivanja sa ne-binarnim grananjem i numeričkim atributima su dati na slici 30.

Interesantna karakteristika stabla odlučivanja je da imaju potencijal za implicitno rešavanje problema nedostajućih vrednosti, tj. nedostajuće vrednosti se u stablu ne moraju eksplicitno reprezentovati uvođenjem posebne grane za njih. Često se odluka ostavlja za momenat testiranja instanci. Ukoliko nedostaje vrednost za instancu koja se testira, relativno jednostavno rešenje je utvrditi broj elemenata u trening skupu koji će proći kroz svaku od grana na raspolaganju i odabrati put niz granu koja je „najpopularnija".

Naprednije rešenje je da se iskoristi povratna informacija iz svih podstabala u kojim bi instanca mogla završiti. U ovom pristupu se kopija instance šalje niz svaku granu, dok se ne dođe do listova odgovarajućih podstabala. Sve što je potrebno da bi se odredila finalna klasifikacija instance je da se iskombinuju vrednosti dobijene u različitim listovima do kojih su instance stigle. Ovo se najčešće radi tako što se svakom listu daje težina koja je proporcionalna ukupnom broju instanci skupa koje prolaze kroz pojedine grane, niz koje su kopije instance originalno poslate.

Stablo odlučivanja se može formirati i ručno. Nadam se da su bar neki čitaoci pokušali to da urade sa problemom prikazanom u tabeli 1 u uvodnom delu. Da bi se to efektivno uradilo potrebno je imati dobru sposobnost uočavanja obrazaca u podacima da bi se mogla doneti odluka koje atribute da testiramo i koju vrstu testa da primenimo. Ako niste probali da ručno napravite stablo odluke za primer u uvodu, savetujem da to pokušate.

ZAVADI PA VLADAJ: KONSTRUKCIJA STABLA ODLUČIVANJA

Često se kaže da su stabla odlučivanja zasnovana na principu "zavadi pa vladaj"(*divide and conquer*) jer pokušavaju problem da svedu na manje probleme, pa da rešavanjem tih potproblema dođu do konačnog rešenja. Ovaj princip je čest u razvoju računarskih programa i u osnovi je svih rekurzivnih algoritama [38].

Kako onda izgleda problem konstrukcije stabla odlučivanja izražen rekurzivno? Najpre treba izabrati atribut koji će biti testiran u korenskom čvoru i kreirati granu za svaku njegovu moguću vrednost. Ovo će razdvojiti skup podataka u nove podskupove, po jedan za svaku vrednost atributa. Proces se sada može rekurzivno ponavljati za svaku granu, koristeći samo one instance koje dostignu tu granu. Ako u bilo kom momentu, sve instance u čvoru imaju istu klasifikaciju, treba stati sa razvijanjem tog dela stabla.

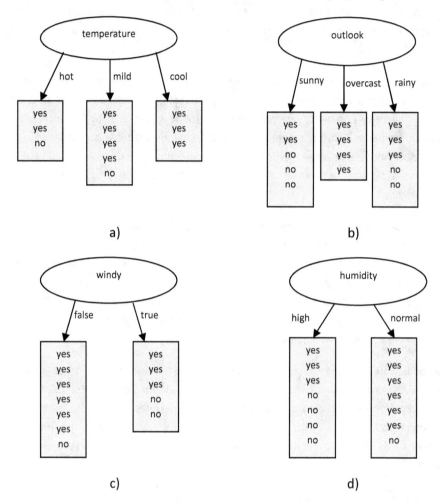

SLIKA 31 IZBOR ATRIBUTA ZA GRANANJE PRILIKOM IZGRADNJE STABLA ODLUČIVANJA.

Sve što je potrebno za praktičnu primenu ovakvog pristupa je kriterijum po kome za određeni (pod)skup instanci, možemo adekvatno izabrati atribut za grananje. Ukoliko se radi o problemu klasifikacije, princip kojim se obično vodimo pri određivanju kriterijuma je želja da odgovarajuća podela skupa podataka rezultuje što „čistijim" podskupovima. Mera čistoće je povezana sa time u kojoj meri je u nekom skupu podataka određena klasa dominantna. Savršeno čist podskup sadrži samo instance iste klase, te ga nema potrebe dalje deliti.

Na slici 31 su prikazane četiri mogućnosti za izbor prvog atributa, koje se odnose na verziju problema predviđanja održavanja utakmice koja sadrži samo nominalne vrednosti. Ovaj skup podataka možete naći u datoteci „weather.nominal.arff" vaše WEKA instalacije. Broj pozitivnih(*yes*) i negativnih(*no*) instanci koje će se naći u podskupovima nakon podele, je prikazan na listovima. Koji je najbolji izbor pogledu čistoće podele?

Mera čistoće koja se koristi u jednom od najpopularnijih algoritama za konstrukciju stabala odluke (C4.5), je preuzeta iz teorije informacija i predstavlja **količinu informacije,** merenu u **bitima.** Količina informacije u čvoru stabla predstavlja očekivanu količinu informacije koja će biti potrebna da se odredi klasa instance koja se obrađuje, kada je instance stigla do tog čvora. Uskoro ćemo se pozabaviti načinom izračunavanja ove vrednosti. Za sada je dovoljno da pretpostavimo da je možemo izračunati.

Pri analizi stabla na slici 31 (b), broj ponavljanja *yes* i *no* klasa na listovima su [2,3], [4,0], i [3,2], pa je se količina informacije za te čvorove može izraziti kao:

info ([2,3])= 0,971 bita
info ([4,0])= 0,0   bita
info ([3,2])= 0,971 bita

Na osnovu količine informacije u pojedinim listovima, može se izračunati prosečna očekivana količina informacije potrebna za klasifikaciju instance za celo stablo na slici 31 (b), uzimajući u obzir broj instanci u svakoj od grana - 5 u prvoj i trećoj i 4 u drugoj:

info([2,3], [4,0], [3,2]) = (5/14)x 0.971+(4/14)x 0+(5/14)x 0.971= 0.693 bita.

Pre nego što smo uopšte počeli sa deobom, potrebna količina informacije za razvrstavanje instance na bazi celog skupa, koji ima 9 pozitivnih i 5 negativnih primera je bila:

info([9,5]) = 0.940 bita.

Sada, na osnovu ovih vrednosti, smo u stanju da procenimo količinu informacije koju štedimo (dobijamo) ukoliko se odlučimo za podelu na slici 31 (b):

gain(*outlook*) = info([9,5]) - info([2,3], [4,0], [3,2]) = 0.940 - 0.693 = 0.247 bita

Ovaj dobitak se može interpretirati kao (očekivana) informaciona vrednost kreiranja grananja na osnovu obeležja *outlook*.

Slična izračunavanja se mogu sprovesti za sve opcije prikazane na slici 31:

gain(*outlook*) = 0.247
gain(*temperature*) = 0.029
gain(*humidity*) = 0.152
gain(*windy*) = 0.048

Atribut sa najvećom vrednošću (*outlook*) će biti izabran kao onaj na osnovu koga se donosi odluka u korenu stabla. Ovo je jedini izbor u kome je jedan od čvorova potomaka u potpunosti čist i to mu daje značajnu prednost nad ostalim atributima. *Humidity* je sledeći u listi za izbor jer daje veći čvor potomak, koji je skoro čist.

Proces se dalje nastavlja rekurzivno, za svaki od novonastalih čvorova potomaka. Na slici 32 su prikazane mogućnosti za dalje grananje u čvoru do koga se stiže kada je *outlook=sunny*. Dalje deljenje atributa *outlook* neće dovesti do nove podele, pa će se razmatrati samo ostala tri. Vrednost informacije za moguće opcije je:

gain(*temperature*) = 0.571
gain(*humidity*) = 0.971
gain(*windy*) = 0.020

Obeležje *humidity* je najpovoljnije ovoj situaciji. Budući da listovi nakon ovog grananja sadrže samo instance jedne klase, razvijanje ovog dela stabla je završeno.

Nastavljajući ovaj proces, dolazi se do stabla odlučivanja prikazanog na slici 33. Idealno, proces se završava kada je svaki list čist, tj. kada sadrži samo instance koje pripadaju istoj klasi.

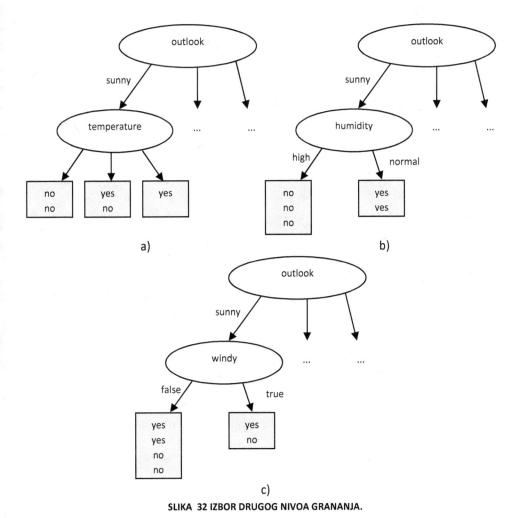

SLIKA 32 IZBOR DRUGOG NIVOA GRANANJA.

Primetićete da se u konačnom stablu obično ne navode procenti zastupljenosti neke klase, mada neki algoritmi i to uključuju u svoj izlaz, već se list označava nazivom većinske klase. Većinske zbog toga što nije uvek moguće doći do potpuno čistih listova. Ništa ne sprečava postojanje skupa podataka za trening koji sadrži dva primera sa identičnim skupom vrednosti atributa a različitim klasama. Kao što ćemo videti u nastavku, to i nije poželjno u primenama. Stoga se proces zaustavlja kada se podaci ne mogu više razdvajati.

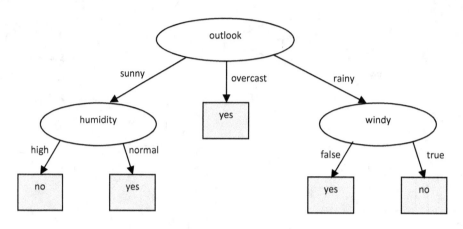

SLIKA 33 KONACNO STABLO ODLUKE ZA NAŠ PRIMER.

IZRAČUNAVANJE KOLIČINE INFORMACIJA

Funkcija koju koristimo za izračunavanje količine informacija čvora[5], je poznata u teoriji informacija i naziva se upravo količinom informacija ili entropijom:

$$entropija(p_1, ... p_n) = -\sum_{k=0}^{n} p_k \cdot lg\ (p_k)$$

gde $p_1, ..., p_n$, predstavljaju udeo svake od klasa u ukupnom broju instanci a *lg* je logaritam sa osnovom 2, kako bi se konačna vrednost dobila u bitima[6].

Količina informacije koju smo prvu izračunali u našem primeru se onda računa na sledeći način:

info ([2,3]) = *entropija*(2/5,3/5) = -(2/5)lg(2/5) - (3/5)lg(3/5) = 0.529 + 0.442 = 0.971.

NUMERIČKI ATRIBUTI

Opisani metod konstrukcije stabla funkcioniše samo onda kada su podaci nominalnog tipa. Mora se proširiti kako bi mogao da radi sa skupovima podataka koji sadrže i

---

[5] Tačnije: „očekivane količine informacija koja je potrebna da se razvrstaju instance u skupovima podataka koji nastaju primenom testa u čvoru".

[6] Možda je mali podsetnik iz matematike u ovom trenutku primeren: lg(x) = log(x)/log(2), gde log može imati proizvoljnu osnovu.

numeričke atribute. Za ovu analizu ćemo koristiti originalni skup podataka za naš primer, sadržan u „weather.arff" datoteci.

U tabeli su prikazane vrednosti koje u našem skupu postoje za obeležje *temperature*.

TABELA 2 VREDNOSTI TEMPERATURE OBELEŽJA U "WEATHER.ARFF" SKUPU.

64	65	68	69	70	71	72	75	80	81	83	85
yes	no	yes	yes	Yes	No	no yes	yes yes	no	yes	yes	no

Da pojednostavimo problem, dozvolićemo samo mogućnost dvostranog, binarnog grananja. Kako tabela 2 pokazuje, postoji samo 11 mogućih mesta na kojima možemo razdvojiti instance na bazi ovog obeležja. Osam, ako ne dozvolimo da se razdvajaju instance iste klase. Kada je podela napravljena, vrednosti količine informacije za pojedine čvorove, možemo izračunati na uobičajeni način. Uzmimo da je prva podela napravljena na osnovu vrednosti temperature 71,5. Za vrednosti <71,5 dobićemo četiri pozitivne(*yes)* i dve negativne(*no)* instance, za vrednosti >71,5, 5 *pozitivnih* i 3 negativne. Vrednost informacije ovog testa je:

info([4,2], [5,3]) = (6/14) x info([4,2])+(8 /14) x info([5,3]) = 0,939 bita.

Uobičajeno je da se granične vrednosti koje se koriste u testovima postave na sredinu rastojanja između vrednosti koje postoje u skupu podataka (otud 71,5). Ovo nije uvek najbolji pristup, ali je, za sada, primeren.

Kada imamo meru količine informacije za čvor, proces kreiranja stabla odlučivanja je identičan onome koji se koristi u slučaju nominalnih atributa. Treba napomenuti da je za numerički atribut uobičajeno da on ima znatno više vrednosti nego kategorički. Takođe, za razliku od nominalnih atributa, deljenje stabla po istom atributu na osnovu druge granice na nižem nivou će često dovesti do poboljšanja rezultata. Indukcija stabla na osnovu numeričkih atributa zahteva stalno sortiranje instanci prema vrednostima instanci i ovaj proces znatno utiče na dužinu učenja. Stoga se većina implementacija oslanja na strategije koje ovaj proces čine efikasnijim [1].

Procena i poboljšanje performansi stabala za odlučivanje

Orezivanje

Jedna od osnovnih prednosti istraživanja podataka primenom stabala odluke je to što su naučeni modeli intuitivni i mogu se koristiti za vizuelnu inspekciju rezultata mašinskog učenja od strane ljudskih eksperata. Takođe, ovakvi modeli podataka su idealni u primenama gde služe za podršku procesu odlučivanja koji izvode ljudi a ne mašine.

Pogledajte dva stabla na slici 34. Koje je lakše razumeti?

Rešenje označeno sa b), ne samo da je jasnije, nego i daje bolje predviđanje za skup podataka koji je dat datotekom „labor.arff" u vašoj WEKA instalaciji.

Proces kojim se smanjuje složenost stabla odlučivanja se naziva *orezivanjem* stabla. Dva su generalna pristupa ovom problemu:
- kreirati kompletno stablo, pa ga onda orezati i
- orezivati stablo dok se konstruiše.

Prva strategija se naziva **postorezivanje** (*postruning*) ili orezivanje unazad (*backward pruning*). Slično, druga se naziva **predorezivanje** (*prepruning*) ili orezivanje unapred (*forward pruning*).

Ako se koristi strategija predorezivanja, onda se mora razviti mehanizam koji će tokom izgradnje stabla zaustaviti razvijanje određenih podstabala. Ovo je vrlo privlačno, jer bi time bila izbegnuta izgradnja svih ovakvih podstabala. Ipak, adekvatne kriterijume predorezivanja je teško razviti.

Postorezivanje, iako računski zahtevnije, nudi značajne prednosti. U praksi se može desiti da dva obeležja, svako samo za sebe, ne doprinose predviđanju, ali je njihova kombinacija vrlo informativna. Postorezivanje je u stanju da iskoristi ovakve zavisnosti. Zbog ovoga i kompleksnosti razvoja tehnika predorezivanja, većina tehnika izgradnje stabala odlučivanja koriste postorezivanje.

Samo postorezivanje se najčešće izvodi primenom dve različite operacije: **zamene podstabla** (*subtree replacement*) i **podizanja podstabla** (*subtree raising*).

U svakom čvoru, algoritam mašinskog učenja mora odlučiti da li da koristi jednu od ove dve operacije ili da ostavi podstablo neorezano (*unpruned*).

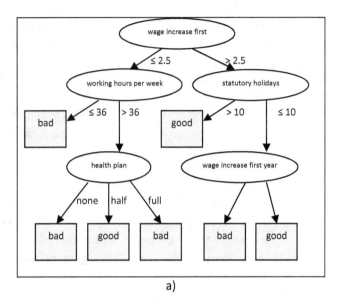

a)

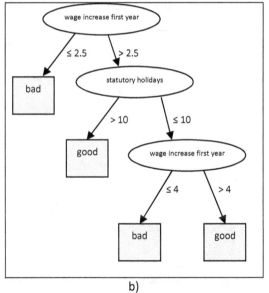

b)

SLIKA 34 STABLA ODLUKE NAUČENA ZA ISTE PODATKE SE MOGU RAZLIKOVATI.

Razmotrimo najpre zamenu podstabla, koja je primarna operacija orezivanja. Ideja je da se odaberu neka podstabla i zamene sa jednim listom. Na primer celo podstablo na slici 34 (a), koje uključuje dva čvora i četiri lista, je zamenjeno sa jednim listom (*bad*).

Ovo će sigurno prouzrokovati smanjenje tačnosti koju stablo postiže na trening skupu, budući da je originalno stablo izgrađeno algoritmom opisanim u prethodnom delu ovog poglavlja, koji je stablo razvijao sve dok svi čvorovi ne budu čisti koliko je to moguće. Ono što je vrlo važno za primetiti je činjenica da ovakav postupak može da poveća tačnost na nezavisno izabranom test skupu.

Pri primeni operacije zamene podstabla, krećemo od lista prema korenu. Na slici 34 (a), čitavo podstablo nije zamenjeno odjednom. Najpre su jednim listom zamenjena tri potomka čvora koji testira obeležje *health plan contribution*. Zatim je zamenjeno stablo koje počinje čvorom koji testira *working hours per week*. Algoritam ovde verovatno nije stao, već je pokušao da zameni i najniže podstablo sa desne strane, ukorenjeno u čvoru *wage increase 1st year*, jednim listom. U ovom slučaju odluka da se podstablo zameni nije donesena, tako da je stablo ostalo netaknuto.

Druga operacija kojom se može izvršiti orezivanje, podizanje podstabla, je znatno složenija i nije u potpunosti jasno da li je uvek potrebna. Slika 35 ilustruje ovaj proces. Ideja je da se podstablo ukorenjeno u čvoru C sa leve strane, podigne na viši nivo, uklanjanjem čvora B i ostalih njegovih potomaka.

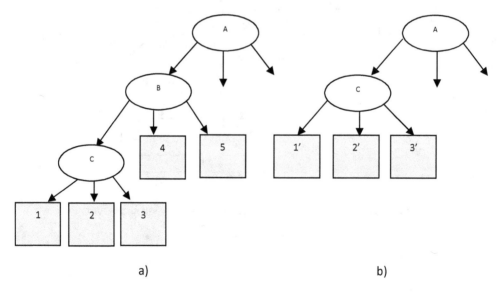

a)   b)

SLIKA 35 PODIZANJE PODSTABLA.

Ukoliko se izvrši ovakva operacija, neophodno je napraviti reviziju podstabla ukorenjenog u čvoru C, kako bi se uzele u obzir instance koje su originalno doprinele izgradnji čvorova 4 i 5. Stoga su potomci čvora C sa desne strane slike obeleženi sa 1', 2' i 3', kako bi se razlikovali od originalnih (1, 2 i 3).

Operacija podizanja podstabala je potencijalno računski zahtevna i u praktičnim implementacijama obično ograničena samo na podizanje podstabla najpopularnije grane. Tako bi situacija na slici 35 bila realna samo ukoliko većina instanci koja dođe do čvora B, na kraju završi u čvoru C.

PROCENA GREŠKE

Kada smo se odlučili za operacije koje ćemo koristiti za orezivanje stabla, sve što nam je potrebno za praktičnu primenu ovih operacija je kriterijum po kome ćemo odabrati interne čvorove koje treba zameniti listovima (za zamenu podstabla) ili najperspektivnijim čvorom potomkom (za podizanje podstabla).

Da bi doneli racionalnu odluku, potrebno je da možemo da procenimo veličinu greške koja se može očekivati na određenom čvoru, koristeći neki nezavisan test skup. Naravno, grešku treba biti u stanju proceniti kako za unutrašnje čvorove, tako i za listove. Nezavisan test skup podataka je neophodan, jer korišćenjem skupa za trening ne možemo očekivati izmene u stablu. Ovo je i logično jer trening skup ne sadrži nove informacije koje bi algoritam mašinskog učenja mogao iskoristiti.

Jedan način da se dobije procena greške je standardna tehnika koja se koristi za verifikaciju modela i svodi se na to da se deo originalnih podataka izdvoji i koristi kao nezavisni test skup za procenu greške za svaki čvor. Ovakav pristup se naziva orezivanjem na bazi sa redukovane greške (*reduced-error pruning*). Osnovni nedostatak ovog pristupa je opet to što je originalno naučeno stablo na manjem broju podataka.

Alternativa je da se napravi procena greške bazirana na samim trening podacima. To je ono što metod C4.5 radi [39]. Procena greške u ovom slučaju je heuristička i zasnovana na intervalu pouzdanosti procenjene greške. Detaljan opis ovog postupka se može naći u [1] i izlazi iz domena ove publikacije.

Na kraju ovog dela treba napomenuti da su stabla odlučivanja jedna od najčešće korišćenih i računski najmanje zahtevnih tehnika mašinskog učenja. C4.5 je još jedan algoritam koji je 2007. godine našao svoje mesto među 10 najboljih algoritama, a njegova implementacija se nalazi u programskom paketu WEKA pod nazivom J48.

STOHASTIČNA ŠUMA (*RANDOM FOREST*)

Stohastična šuma predstavlja ansambl klasifikator koji se sastoji od većeg broja pojedinačnih stabala odluke. Klasifikacija se obavlja tako što svako stablo nezavisno klasifikuje instancu a konačna odluka se donosi glasanjem, prema većinskom sistemu. Stohastična šuma danas predstavlja jedan od najtačnijih algoritama koji postoje [44] .

Ovaj savremeni algoritam je razvijen od strane Lea Brejmana i Adele Katler [40] 2001. godine. Naziv algoritma na engleskom je nastao na osnovu šuma slučajne odluke, koje je ranije razvio Tin Kam Ho [41]. Algoritam se bazira na Brejmanovoj ideji kombinacije različitih klasifikatora (*bagging*) i slučajnog odabira obeležja koje je predložio Ho [41][42], sa ciljem da se stvori skup stabala odluke u kom je prisutna kontrolisana varijacija. Kako je nasumičan odabir podskupa obeležja u osnovi način da se implementira stohastična diskriminacija [43], u ovoj publikaciji ćemo metodu zvati metodom stohastične šume.

Stohastična šuma je meta klasifikator i kao takva se oslanja na druge šeme mašinskog učenja za konkretnu izgradnju stabala odluke koja se koriste. Sam pristup se bazira na kontroli podskupa obeležja nad kojima uče pojedinačni klasifikatori. Neka je broj instanci u skupu *N*, a broj obeležja *M*. Ulazni parametar stohastične šume je broj obeležja koji treba da se koriste za odlučivanje u pojedinačnom čvoru stabla (*m*). Pri tome *m* treba da bude mnogo manje nego *M*.

Svako stablo u šumi se kreira koristeći sledeći algoritam:

1. Trening skup za pojedino stablo se kreira odabirom *n* instanci od mogućih *N*. Pri tome se odabrana instanca može ponovo izabrati (*bootstrap sampling*). Ostatak instanci se koristi da bi se procenila greška stabla.
2. Za svaki čvor stabla, na slučajan način se odabira *m* obeležja na kojima će se bazirati odluka za taj čvor. Na osnovu ovih *m* atributa se izračunava najbolje grananje.
3. Svako stablo se razvija do kraja i ne orezuje.

Da bi se klasifikovao novi primer, vrši se klasifikacija na standardan način, propuštanjem instance kroz stablo. Kada se prikupe labele (nazivi) klase koje su instanci dodeljene od strane svakog stabla u kolekciji, kao konačna klasa se uzima najčešće dodeljena vrednost.

Kao jedan od najboljih savremenih algoritama, nasumična šuma daje znatno bolje rezultate nego klasične metode izgradnje stabala odluke. Mana ovog, kao i većine algoritama vrhunskih performansi, je nemogućnost tumačenja rezultata od strane ljudskih eksperata.

GENETSKI ALGORITMI I GENETSKO PROGRAMIRANJE

Poput stohastičnih šuma, genetsko programiranje predstavlja savremenu nedeterminističku tehniku izgradnje modela koji mogu vršiti klasifikaciju i regresiju. Genetsko programiranje predstavlja relativno skoro proširenje genetskih algoritama.

Genetski algoritmi su algoritmi za pretrag,u zasnovani na principima prirodne selekcije i prirodne genetike, iznetim prvi put od strane Čarlsa Darvina u njegovom istorijskom delu "O postanku vrsta" [55]. U njemu Darvin ukazuje na činjenicu da je raznovrsnost živog sveta posledica stalnog procesa promena u njemu, koji ima za cilj što uspešnije prilagođavanje uslovima u kojima se taj proces odvija. Mogućnost ovog procesa da stvori organizme koji egzistiraju u najrazličitijim uslovima i njegova robusnost u odnosu na promene okruženja nadaleko prevazilaze mogućnosti savremenih veštačkih sistema, te nije neobično što je on poslužio kao inspiracija za razvoj računarskih algoritama.

Inicijalna implementacija genetskih algoritama na računarima je započeta od strane Džona Holanda (*Holland*) i njegovih kolega i imala je dvojak cilj:
1) da se bolje istraže procesi na kojima počiva evolucija,
2) da se tako stečena znanja primene kako bi se stvorili veštački sistemi koji bi po efikasnosti, efektivnosti i robusnosti imali karakteristike procesa evolucije.

U svojoj knjizi [56], Holand postavlja teorijski okvir koji objašnjava uspešnost prirodnog procesa prilagođavanja i stvara osnov za nastanak veštačkih sistema koji primenjuju mehanizme selekcije uspešnih jedinki, njihovog ukrštanja i mutacije kako bi se pronašla jedinka koja najbolje zadovoljava uslov postavljen u vidu kriterijuma pogodnosti.

Veštački sistemi koji koriste ove jednostavne mehanizme su do sada našli niz uspešnih primena [23][24], kako zbog svoje robusnosti, tako i zbog toga što ne postavljaju zahteve u pogledu karaktera kriterijuma pogodnosti, koji su predstavljali kamen spoticanja mnogih tradicionalnih tehnika optimizacije. Ovakve karakteristike čine da genetski algoritmi često predstavljaju efikasnu i efektivnu alternativu iscrpnoj pretrazi prostora rešenja.

Vremenska zahtevnost pretrage na bazi genetskih algoritama je znatno manja od iscrpne (enumerativne) pretrage prostora rešenja, ali su oni i pored toga sposobni da iznađu adekvatno rešenje, čak i u slučaju kompleksnih funkcija pogodnosti rešenja, kakva je prikazana na slici 36.

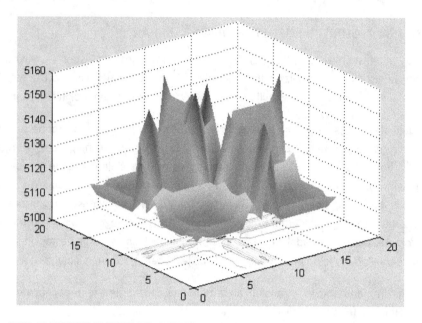

SLIKA 36 GENETSKI ALGORITMI SU U STANJU DA SE IZBORE SA KOMPLEKSNIM PROBLEMIMA.

Iako genetski algoritam ne poseduje nikakvo unapred ugrađeno znanje o problemu,u stanju je da iskoristi znanje prikupljeno tokom pretrage. Pored efikasne eksploatacije ovakvog znanja, smanjeni vremenski zahtevi počivaju na njihovom inherentnom paralelizmu, kako je to pokazao Holand [55].

Treba reći i da genetski algoritmi mogu pronaći samo suboptimalno rešenje, ali se pokazalo da je to rešenje u velikom broju realnih problema zadovoljavajuće. Takođe uz malu modifikaciju da se vodi računa o do tada pronađenom, najboljem rešenju i da se ono zadržava u populaciji, oni su u stanju da nađu i optimalno rešenje [57].

OSNOVNI KONCEPTI

Istraživanje iz oblasti genetskih algoritama i njihovih primena, prati specifična, prirodom inspirisana, terminologija.

Svako moguće rešenje, odnosno tačka prostora nad kojim genetski algoritam kao eksplorativna metoda radi se naziva jedinkom. Njene karakteristike su predstavljene kao niska vrednosti koja se naziva *genotipom*. Svaka vrednost u nizu se naziva *genom*, a vrednosti koje jedan gen može imati nazivaju se *alelama*. Ova terminologija je preuzeta iz biologije i ilustrovana je na slici 37. Na njoj je prikazan izgled jednog genotipa u kome su rešenja kodirana u binarnom alfabetu, te je svako binarno mesto jedan gen, a alele su 0 i 1.

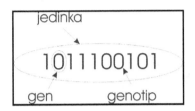

SLIKA 37 PRIKAZ GENOTIPA.

Svaki genotip karakteriše jedinku, a njena pogodnost u smislu datog kriterijuma optimizacije je fenotip, koji predstavlja ispoljenje njenog genotipa u sredini određenoj kriterijumom i eventualnim ograničenjima postavljenim u okviru problema optimizacije.

Skup jedinki nad kojima genetski algoritam vrši transformacije se naziva *populacijom*.

Genetski algoritam pretražuje prostor primenom operatora *selekcije*, *ukrštanja* i *mutacije* na jedinke populacije sa određenom verovatnoćom, stvarajući na taj način sukcesivne populacije u vremenu, čija usrednjena pogodnost raste. Početna populacija se bira na slučajan način iz prostora mogućih rešenja problema.

Bazični genetski algoritam

Danas se u literaturi može naći mnoštvo različitih genetskih algoritama, ali svi oni predstavljaju varijaciju na temu osnovnog metoda koji je postavio Holand [56]. Taj bazični algoritam funkcionisanja je prikazan na slici 38.

SLIKA 38 OSNOVNI GENETSKI ALGORITAM.

Izbor inicijalne populacije se najčešće vrši slučajno. Na taj način se dobija određen broj genotipa (niski gena) konačne dužine. Jedna slučajno izabrana populacija može imati izgled:

01101
11000
01000
10011

Ova populacija se može generisati sa 20 bacanja novčića (Bernulijevih proba), pri čemu pojavu glave na gornjoj strani novčića označavamo vrednošću 1 a pisma 0.

Jednostavni genetski algoritam formira sledeće generacije jedinki, sa željom da svaka generacija u progresivno većoj meri zadovoljava kriterijum optimizacije. To postiže primenom tri jednostavna operatora:

- selekcije,
- ukrštanja i
- mutacije.

Za svaku jedinku populacije se izračunava vrednost funkcije kriterijuma, ili kako se to u biologiji kaže – funkcije pogodnosti. Na osnovu te vrednosti se vrši izbor jedinki koje će se ukrštati, odnosno koje će ući u bazu za razmnožavanje (*mating-pool*).

Selekcija jedinki, kako bi se odredila baza za razmnožavanje se vrši na taj način da se favorizuju jedinke koje bolje zadovoljavaju kriterijum pogodnosti. Operator selekcije jednostavnog genetskog algoritma se može realizovati u vidu težinskog ruletnog točka. Na takvom ruletnom točku jedinke dobijaju veličinu isečka točka u skladu sa udelom njihove individualne pogodnosti u ukupnoj pogodnosti svih jedinki. Pretpostavljene vrednosti funkcije pogodnosti već navedenih jedinki inicijalne populacije i njihov udeo u ukupnoj pogodnosti su date u tabeli 3. Za te vrednosti, odgovarajući težinski ruletni točak je prikazan na slici 39. Na njemu je rednim brojem iz tabele 3 označen deo točka koji pripada odgovarajućim jedinkama.

TABELA 3 PRIMER POPULACIJE I POGODNOSTI JEDINKI.

Jedinka broj	Genotip	Pogodnost	Udeo u ukupnoj pogodnosti (%)
1	0 1 1 0 1	169	14.4
2	1 1 0 0 0	576	49.2
3	0 1 0 0 0	64	5.5
4	1 0 0 1 1	361	30.9
Suma		1170	100.0

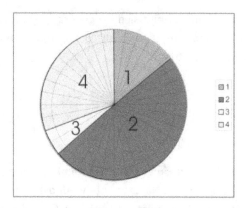

SLIKA 39 TEŽINSKI RULETNI TOČAK ZA PRIMER IZ TABELE 3.

Okretanjem ruletnog točka potreban broj puta (koji obično odgovara broju jedinki populacije), formira se baza za razmnožavanje u kojoj se jedinke populacije nalaze sa verovatnoćom koja odgovara njihovom udelu u ukupnoj pogodnosti populacije. Na taj način se jedinke koje poseduju izrazitu pogodnost mogu naći u bazi za razmnožavanje u više primeraka, dok se jedinke koje imaju malu pogodnost neće ni naći u njoj. Time se favorizuje pogodan genetski materijal u bazi za razmnožavanje, sa nadom da će se dobiti bolje potomstvo.

Na parove jedinki koje su ušle u bazu za razmnožavanje se primenjuje operator ukrštanja čijom primenom se formiraju jedinke sledeće generacije genetskog algoritma, čiji genotip predstavlja kombinaciju genotipa njihovih roditelja. Izbor para jedinki iz baze za razmnožavanje se, kod jednostavnog genetskog algoritma, vrši slučajno.

Operatorom ukrštanja se prekida sekvenca gena para roditelja na slučajno izabranom mestu i formira genotip potomaka kombinacijom delova genotipa oba roditelja. U slučaju jednostavnog operatora ukrštanja se sekvence prekida na jednom mestu. Na taj način će se od para roditelja:

R1 = 0 1 0 | 0 0
R2 = 1 0 0 | 1 1

Pod pretpostavkom da je slučajno izabrano mesto prekida na poziciji 3 sa leva, kako je to naznačeno, dobiti:

D1 = 0 1 0 1 1
D2 = 1 0 0 0 0

Potomci će zatim ući u populaciju nove generacije. Slika 40 ilustruje grafički rad operatora ukrštanja.

SLIKA 40 UKRŠTANJE.

Operator ukrštanja obezbeđuje rekombinaciju genetskog materijala populacije, te se često naziva i operatorom rekombinacije.

Operatorom mutacije se menjaju pojedini geni jedinki sa određenom verovatnoćom (u slučaju binarnog kodovanja bit se komplementira sa tom verovatnoćom), čime se obezbeđuje eksplorativni karakter genetskog algoritma i u kasnim fazama kada sve jedinke populacije imaju sličan genetski karakter. Verovatnoća promene vrednosti gena mutacijom je mala, kao što je to slučaj i u prirodi, te je mutacija sekundarni operator genetskog algoritma. Njen pun efekat će postati jasniji kada se razmotre teorijski osnovi genetskih algoritama.

Genetski operatori se primenjuju kao bi se stvarale nove generacije sve dok se ne zadovolji kriterijum za zaustavljanje procesa, koji najčešće oslikava situaciju da se prosečna pogodnost jedinki populacije ne povećava dovoljno iz generacije u generaciju, odnosno da je genetski algoritam konvergirao ka rešenju.

Iako štur, ovaj prikaz ilustruje par specifičnosti genetskih algoritama kao metode optimizacije, koje svakako treba istaći:

- *Genetski algoritam svoju pretragu sprovodi nad kodiranom predstavom prostora rešenja a ne nad samim tim prostorom.*
- *Pretraga se započinje iz niza tačaka prostora (inicijalne populacije).*
- *Operatori genetskog algoritma imaju stohastički karakter.*
- *Genetski algoritam ne koristi nikakvo pomoćno znanje o problemu.*

Bolji uvid u funkcionisanje jednostavnog genetskog algoritma i osnovu za sažet prikaz njegovih matematičkih osnova ilustrovaće vrlo jednostavan primer ručne primene genetskog algoritma preuzet iz literature [57].

SIMULACIJA RADA GENETSKOG ALGORITMA RUKOM

Posmatrajmo problem maksimizacije funkcije $f(x) = x^2$, gde $x \in [0,31]$. Primena genetskog algoritma zahteva da predstavimo promenljivu x u vidu niske konačne dužine. U ovom problemu ćemo jednostavno predstaviti x kao binarni broj sa pet cifara. Na taj način kodiranu predstava prostora rešenja čine binarni brojevi između 00000 i 11111. Polazeći od ovakve definicije problema i izbora kodovanja izvršićemo ručnu simulaciju rada genetskog algoritma.

Za početak možemo na slučajan način izabrati inicijalnu populaciju veličine četiri, bacanjem novčića 20 puta.

TABELA 4 PRVI KORAK SIMULACIJE GA RUKOM.

Jedinka broj	Inicijalna populacija (slučajno određena)	Vrednost x	f(x) Vrednost x^2	$p_{selekcije}$ $\dfrac{f_i}{\sum f}$	Očekivani broj kopija u bazi za razmnožavanje	Stvarni broj potomaka (određen ruletom)
1	0 1 1 0 1	13	169	0.14	0.58	1
2	1 1 0 0 0	24	576	0.49	1.97	2
3	0 1 0 0 0	8	64	0.06	0.22	0
4	1 0 0 1 1	19	361	0.31	1.23	1
Suma			1170	1.00	4.00	4.0
Prosek			293	0.25	1.00	1.0
Maksimum			576	0.49	1.97	2.0

U tabeli 4.2 su prikazane izabrane jedinke, zajedno sa njihovom dekodovanom vrednošću i vrednošću funkcije cilja (pogodnosti). Tako jedinki 01000 odgovara dekodovana vrednost 8 i vrednost funkcije cilja $f(8) = 8^2 = 64$.

Prva generacija genetskog algoritma započinje reprodukciju. Najpre se formira baza za reprodukciju. To se može učiniti okretanjem težinskog ruletnog točka. Stvarna simulacija ovog procesa bacanjem novčića rezultovala je time da su jedinke 1 i 4 dobile po jednu kopiju u bazi za razmnožavanje, jedinka 2 dve, a jedinka 3 nijednu, kako to tabela 4 i prikazuje. Kada se to uporedi sa očekivanim brojem kopija jedinke u bazi za razmnožavanje, koji odgovara proizvodu broja jedinki u populaciji (n = 4) i verovatnoće da jedinka uđe u bazu za razmnožavanje ($p_{selekcije}$), jasno je da je postignut željeni efekat, odnosno da su genotipi sa većom pogodnošću zastupljeni u većem broju primeraka u bazi za razmnožavanje od onih manje pogodnih.

TABELA 5 DRUGI KORAK SIMULACIJE GA RUKOM.

Jedinka broj	Baza za razmnožavanje posle selekcije (prikazano mesto ukrštanja)	Par (slučajno određen)	Mesto ukrštanja (slučajno određen)	Nova populacija	Vrednost x	$f(x)$ x^2
1	0 1 1 0 | 1	2	4	0 1 1 0 0	12	144
2	1 1 0 0 | 0	1	4	1 1 0 0 1	25	625
3	1 1 | 0 0 0	4	2	1 1 0 1 1	27	729
4	1 0 | 0 1 1	3	2	1 0 0 0 0	16	256
Suma						1754
Prosek						439
Maksimum						729

Kada je formirana baza za razmnožavanje proces se nastavlja izborom parova za ukrštanje na slučajan način (bacanjem novčića). Zatim prekidanjem njihovog niza gena na slučajno određenom mestu i zamenom tako dobijenih delova, kako bi svaki potomak imao genetski materijal koji je kombinacija genetskog materijala oba roditelja. U tabeli 5 su prikazani potomci kao i parovi roditelja i mesta ukrštanja.

Tako su jedinke 1 i 2 iz baze za razmnožavanje ukrštene i to na apoziciji 4 sa leva, dok su ostale dve jedinke ukrštene na poziciji 2.

Poslednji operator, mutacija, je primenjen na nivou bit po bit, sa verovatnoćom 0.001. a taj način je očekivano da 20 · 0.001 = 0.02 bita budu promenjena. U konkretnom primeru nijedan bit nije mutiran.

Primenom operatora, dobijena je nova generacija jedinki, čija se pogodnost može odrediti.

Iako je jedna iteracija procesa sa elementima stohastike daleko od reprezentativnog uzorka, ovaj jednostavan primer ilustruje mogućnost genetskog algoritma da kombinacijom delova genetskog materijala visoko pogodnih jedinki dobije poboljšanje srednje pogodnosti i maksimalne pogodnosti u populaciji. Ove vrednosti su porasle sa 293 na 439, odnosno 576 na 729, respektivno i to tokom jedne generacije.

I pored elemenata stohastike, jasno je da se ne radi o čisto sreći, jer se selekcijom osigurava propagacija delova genetskog materijala visoko sposobnih jedinki.

TEORIJA ŠEMA

Teorijski okvir za matematičko objašnjenje funkcionisanja genetskih algoritama je formulisao Holand (*Holland*) [11].

U svom razmatranju, on kreće od opservacije da svaki adaptivni plan (generalizacija adaptivne metode optimizacije) mora imati sposobnost propagacije karakteristika rešenja za koje je vezana natprosečna pogodnost. Iz toga sledi da je prvi korak ka objašnjenju funkcionisanja takve metode uočavanje tih karakteristika.

U domenu genetskih algoritama, prirodno je poređenje pojedinih jedinki na osnovu pojedinih elemenata njihove genetske sekvence. Stoga Holand definiše šemu kao *obrazac sličnosti koda dvaju jedinki*.

Posmatrano u slučaju binarnog kodiranja u primeru iz prethodnog poglavlja, čime se ne gubi opštost, primer šeme bi bio 11***1. Gde simbol * predstavlja džokera, odnosno označava bilo 0 bilo 1. Kodovi 110011 i 110001 su instance šeme 11***1.

Pozicije u kojima je vrednost šeme određena se nazivaju *definisanim mestima šeme*, a rastojanje između prvo i poslednjeg takvog mesta u šemi predstavlja njenu *dužinu*. Broj definisanih mesta predstavlja *red šeme*.

Holand pokazuje da tajna uspeha genetskih algoritama leži upravo u progresivnom povećanju zastupljenosti šema vezanih za veću pogodnost jedinki, čiji kod predstavlja instancu tih šema, kroz generacije jedinki. Uvođenje pojma šema na prvi pogled znatno usložnjava problem koji se optimizuje. Šeme se mogu u slučaju binarnog kodovanja sa dužinom koda *l* posmatrati kao kombinacije nad prostorom {0,1,*}. Takvih kombinacija ima 3^l, pa je pretpostavkom da genetski algoritam pretražuje prostor šema a ne kodova jedinki, složenost problema porasla sa 2^l na 3^l. Uopšteno govoreći, za kodni alfabet kardinalnosti *k* mogućih kodova ima k^l dok broj šema odgovara $(k+1)^l$.

Ono što možda nije tako očigledno a u čemu leži snaga optimizacije genetskim algoritmom je za nju isto tako prirodna činjenica da jedna jedinka istovremeno predstavlja instancu 2^l šema. Zaista, svaka jedinka je instanca svih šema koji imaju istu vrednost na svojim definisanim mestima kao jedinka ili na tim mestima imaju vrednost *. Stoga se pri izračunavanju pogodnosti *N* jedinki populacije, implicitno prikupljaju informacije o pogodnosti između 2^l i N · 2^l šema. Ova činjenica je toliko bitna i karakteristična za funkcionisanje genetskih algoritama da je Holand naziva *implicitnim paralelizmom*.

Sam značaj implicitnog paralelizma postaje jasniji kada se zna da je stvaran broj šema, čija se pogodnost izračunava tokom jedne generacije genetskog algoritma sa *N* jedinki u populaciji (dakle za *N* izračunavanja vrednosti funkcije pogodnosti), reda N^3. Ovaj rezultat, do koga je takođe došao Holand [56] u razmatranju koje prevazilazi okvire ove publikacije, jasno određuje prednost u broju izračunavanja koju ima genetski algoritam nad ostalim metodama slične robusnosti.

Holand ističe i da je broj šema koji se obrađuje pri kodovanju istog prostora rešenja alfabetom manje kardinalnosti znatno veći, te da je korišćenje alfabeta veće kardinalnosti povezano sa znatnim umanjenjem paralelizma u radu genetskog algoritma. Šeme su u geometrijskom smislu hiper-ravni u kodovanom prostoru rešenja. Za binarno kodovanje dužine tri bita, moguće je prikazati šeme u trodimenzionalni prostoru pretrage. Takav prostor je prikazan na slici 41. Šeme reda 1 odgovaraju ravnima u tom prostoru, dok su šeme reda dva prave.

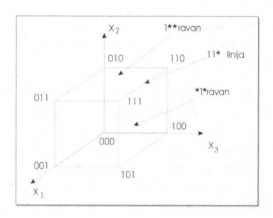

SLIKA 41 GRAFIČKI PRIKAZ ŠEMA.

Utvrdivši da genetski algoritmi obrađuju šeme, prirodno je posvetiti određeni napor analizi uticaja osnovnih operatora genetskog algoritma na opstanak i uništenje šema.

Neka se posmatraju dve šeme:

A : 1 ** 0*

B : **1 1 *

Operator selekcije jednostavno favorizuje šeme čija je pogodnost veća, zanemarujući sve ostale karakteristike.

Operator ukrštanja, sa druge strane, će dovesti do toga da će šema A biti uništena sa većom verovatnoćom nego šema B, jer je verovatnoća da će se ukrštanje desiti iza prvog, drugog ili trećeg bita (u svakom od ovih slučajeva šema će biti narušena) četiri puta veća nego verovatnoća da će se ukrštanje desiti baš iza trećeg bita (sto je jedini slučaj u kome će šema B biti narušena). Ukrštanje, dakle, favorizuje šeme manje dužine.

Operator mutacije će i šemu A i šemu B narušiti sa istom verovatnoćom, budući da obe imaju isti broj bita, ali će prirodno sa većom verovatnoćom narušiti šeme višeg reda.

Na osnovu svega rečenog sledi zaključak da genetski algoritam, kroz svoje operatore favorizuje kratke šeme, niskog reda i visoke pogodnosti. Ovakve šeme se nazivaju gradivnim blokovima.

U svom istraživanju Holand dokazuje da *genetski algoritam daje eksponencijalno rastući broj izračunavanja gradivnim blokovima, kroz generacije.* Ova teorema se naziva teoremom šema ili fundamentalnom teoremom genetskih algoritama.

Pun značaj leži u činjenici koju pokazuju i Holand [56] i Goldberg [57] na primeru dvorukog i k-rukog bandita. Ovo razmatranje prevazilazi okvire ove publikacije. Ipak, njegov rezultat je nezaobilazan kada se razmatraju genetski algoritmi:

Minimalan gubitak (u smislu nepotrebne obrade) tokom procesa pronalaženja optimuma funkcije pogodnosti genetskog algoritma (koji je analogan problemu k-rukog bandita) se postiže ukoliko se natprosečnim šemama alocira nešto malo više nego eksponencijalno progresivan broj izračunavanja.

Genetski algoritmi vrše približno optimalan broj izračunavanja vrednosti funkcije pogodnosti tokom svoga rada.

Kodovanje

Teorija šema naglašava značaj načina kodovanja prostora rešenja. Ona se ne može direktno primeniti na alfabete veće kardinalnosti od binarnog kodovanja za koje je i izvedena. Ipak, postoji veliki broj primena genetskih algoritama kod koji se koriste alfabeti veće kardinalnosti, naročito predstava u realnim brojevima. Teorijska osnova ovih genetskih algoritama još uvek nije do kraja istražena ali njihovo uspešno funkcionisanje se ne dovodi u pitanje.

Sama teorija šema ističe još jednu slabost genetskih algoritama. Naime, kodovanje prostora rešenja mora biti takvo da za značajne parametre postoje gradivni blokovi (šeme male dužine i niskog reda) koje genetski algoritam favorizuje. Uspešan rad genetskog algoritma je takođe uslovljen nepostojanjem interakcije između pojedinih bita u kodu, odnosno uslovom da ispoljavanje karakteristike vezane za neki bit ne zavisi od drugih bita. Ovaj uticaj jednog gena na drugi se u genetici naziva epistazom.

Dobar izbor kodovanja je ključan za uspešan rad genetskog algoritma. Na žalost problem izbora optimalnog kodovanja je istog nivoa kompleksnosti kao i rešavanje samog problema. Srećna okolnost je da su genetski algoritmi robusna metoda i da mogu da se izbore sa problemom i u slučaju kada se radi i o značajnim omaškama u izboru načina kodovanja. U literaturi postoje i primeri uvođenja dodatnih operatora, poput operatora inverzije, koji nastoje da se izbore sa problemom lošeg kodovanja, ali se njihov doprinos radu genetskog algoritma nije pokazao značajnim u većini tretiranih problema.

U većini primena se prostor rešenja kodira binarnim ili realnim brojevima.

SELEKCIJA

Način selekcije jedinki koje će ući u bazu za razmnožavanje u mnogome varira u primenama genetskih algoritama. Pregled alternativnih operatora selekcije i njihovo poređenje je dala Brindl(*Brindle*) [58]. Ovaj pregled obuhvata operatore selekcije koji su našli svoje mesto u najvećem broju primena, pa će upravo te alternative biti ukratko opisane ovom prilikom.

Brindl razmatra sledeće opcije:
1. Stohastičku selekciju sa zamenom,
2. Stohastičku selekciju bez zamene,
3. Determinističku selekciju,
4. Stohastičku selekciju ostatka bez zamene,
5. Stohastičku selekciju ostatka sa zamenom,
6. Stohastičku turnirsku selekciju (Vecel-ovo(Wetzel) rangiranje).

Stohastička selekcija sa zamenom je selekcija ruletnim točkom.

Stohastička selekcija bez zamene se zasniva na postupku da se za svaku jedinku izračuna očekivani broj potomaka, na osnovu njene pogodnosti. Ta vrednost odgovara odnosu pogodnosti jedinke i srednje pogodnosti populacije ($f / \bar{f}$). Zatim se svaki put kada se jedinka izabere za razmnožavanje i ukrsti njen očekivani broj potomaka spusti za 0.5 (u slučaju kada se na osnovu ukrštanja formira samo jedna jedinka), odnosno za 1 ako je došlo do razmnožavanja ali ne i razmene genetskog materijala ukrštanjem. (Ovaj pristup je De Jong nazvao selekcijom očekivane vrednosti.)

Deterministička selekcija predstavlja metod kod koga se verovatnoća selekcije izračunava na klasičan način ($p_{selekcije} = f / \sum f$), a svaka jedinka će u bazi za razmnožavanje dobiti onaj broj kopija koji odgovara celom delu proizvoda broja jedinki u bazi za razmnožavanje i verovatnoće selekcije. Na osnovu razlomljenih delova verovatnoća se pravi rangirana lista jedinki. Ostatak baze za razmnožavanje se popunjava redom prema listi.

Obe metode stohastičke selekcije ostatka u prvom stadijumu odgovaraju determinističkoj selekciji u smislu izbora jedinki u bazu za razmnožavanje na osnovu celobrojnih vrednosti proizvoda. Ostatak se, međutim, u stohastičkoj selekciji ostatka sa zamenom, tretira kao verovatnoće koje se koriste za izbor na osnovu težinskog ruletnog točka. U stohastičkoj selekciji bez zamene se izvode, jedno za drugim, bacanja novčića, pri čemu se verovatnoće tretiraju kao verovatnoće uspeha (Bernulijeve probe).

Stohastička turnirska selekcija predstavlja postupak u kome se parovi jedinki za razmnožavanje biraju uz pomoć težinskog ruletnog točka. Po izboru para se ona jedinka od dve, koja ima veću pogodnost prosleđuje u sledeću generaciju.

Zahvaljujući daljim istraživanjima, stohastička selekcija ostatka se pokazala kao superiorna i doživela široku primenu.

Razmatranje selekcije jedinki nije kompletno bez pominjanja elitističkih operatora selekcije. Od kada postoje genetski algoritmi, postoji i dilema da li najboljim jedinkama treba obezbediti direktan prolaz u sledeću generaciju. Ovaj model je detaljno razmatrao De Jong. Pokazalo se da ovaj pristup smanjuje učinak metode u uslovima funkcija sa velikim brojem ekstrema. Elitizam smanjuje robusnost genetskog algoritma, ali i ubrzava konvergenciju u uslovima unimodalnog kriterijuma konvergencije. Kao takav, nije naišao na široku primenu.

Ukrštanje

U literaturi se sreću tri klase operatora ukrštanja:
1. jednopoziciono,
2. višepoziciono,
3. uniformno.

Operator ukrštanja, razmatran ranije, predstavlja operator jednopozicionog ukrštanja. Kod ovakvog operatora se posle presecanja hromozoma na jednom mestu, mešaju na taj način dobijeni delovi hromozoma roditelja da bi se dobio hromozom potomka.

Kod višepozicionih operatora mutacije se hromozom posmatra kao da ima kružnu strukturu, pri čemu su mu kraj i početak povezani. Na taj način se presecanjem u proizvoljnom broju tačaka dobijaju segmenti hromozoma, koji dalje zamenjuju mesta. Slika 42 ilustruje postupak.

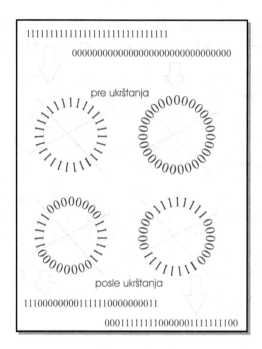

SLIKA 42 VIŠEPOZICIONO UKRŠTANJE

De Jong i Spirs su u svojim istraživanjima [60] zaključili da je porast broja tačaka presecanja hromozoma, dovodio do sve lošijeg učinka genetskog algoritma. Uzrok ove pojave leži najverovatnije u činjenici da je verovatnoća da će gradivni blok biti nenarušen pri ukrštanju manja, što je broj tačaka presecanja veći.

Uniformno ukrštanje predstavlja ekstremni slučaj višepozicionog ukrštanja, gde svaki drugi bit hromozoma zamenjuje mesto. On toliko narušava hipotezu o propagaciji gradivnih blokova, da je funkcionisanje genetskog algoritma sa stanovište teorije šema ugroženo. Slika 43 ilustruje ovaj postupak.

Sve navedene varijante operatora predstavljaju opšte operatore. U nizu primena genetskih algoritama se koriste operatori specifični za problem koji se rešava koji su bazirani na nekim saznanjima o karakteru problema.

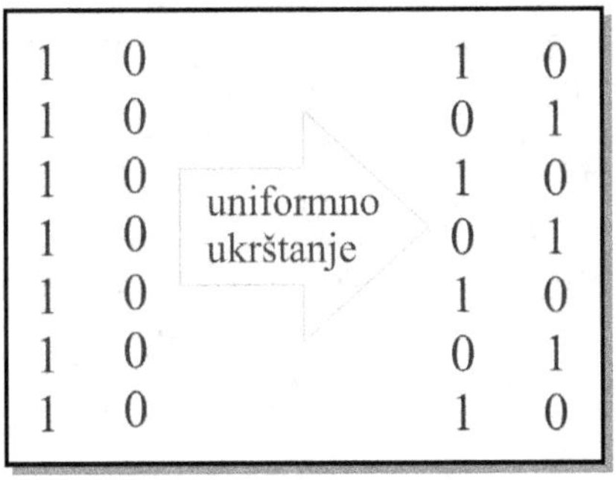

SLIKA 43 UNIFORMNO UKRŠTANJE

GENETSKO PROGRAMIRANJE

Genetsko programiranje je tehnika koja koristi principe genetskih algoritama da samostalno razvije programe koji najbolje emuliraju odgovarajuću funkciju pogodnosti. Program odgovara modelu u žargonu otkrivanja znanja, atributi ulazima programa, dok je izlazna vrednost zavisna promenljiva. Funkcija pogodnosti programa je greška predviđanja u odnosu na vrednosti prisutne u skupu za trening.

Primer jednog programa dobijenog ovim pristupom je dat na slici 44. Program se u osnovi svodi na niz ugnježđenih poziva operatora, koji predstavljaju funkcije u proizvoljnom programskom jeziku. Stoga su za implementaciju genetskog programiranja pogodni samo programski jezici koji podržavaju evaluaciju ovakvih izraza tokom samog izvršavanja genetskog algoritma. Konačni program se, naravno, može iskoristiti u proizvoljnom programskom jeziku.

U prikazanom programu $X1,...,X8$ predstavljaju ulazne vrednosti. Kada se prikazani program izvrši dobija se vrednost funkcije koja se želi aproksimirati. Operacije *minus*, *plus*, *times*, odgovaraju standardnim matematičkim operacijama oduzimanja, sabiranja i množenja, dok je *myif* operacija odluke:

$$myif\,(R1, R2, C1, C2) = \begin{cases} R1, & C1 \geq C2 \\ R2, & C1 < C2. \end{cases}$$

```
minus( plus( X1, times( X7, X4)), plus( minus( plus( X1, times(
times( X2, X6), times( X3,myif( times( X5, minus( X8, X1)), X7,
plus( myif( X3, X7,-0.82742, X5), times( plus( X7, times( plus(
X7, X6), myif( X8, X6, plus(-0.96248,-0.98426), X5))), minus(
X2, plus( X7, times( minus( plus( X1, X6), plus(0.94681,
X1)),myif( X8, X6, plus( X2, X6), plus( times( X2, X2),
X4)))))))), plus( X1, times( X3, X6))))))), X2),myif( minus( plus(
X2, times( plus( times( plus( plus( times( X1, X2), X5),myif(
minus( plus( X2, times( times( X1,'-0.18002), minus( X8, plus(
plus( X1, imes( X7, X4)), times( X7, minus( X2, X6)))))), plus(
times( X1, X2), X5)), X5, plus( plus( times( X1, X2), myif(
minus ( plus( X4, times( times( X6, X6), minus( times(-0.22957,-
0.18002), X3))), plus( minus( X8, plus(-0.22957, X4)), X5)), X5,
X2, X4)),myif( minus( plus( X1, times( X6, X6)), X6), X4, plus(
X5,-0.98426), times( X3, X3))), times( X3, X3))), X3), myif(
minus( plus( X4, times( times( X6, X6), minus( myif( X8, X6, X4,
times( X8, minus( X8, plus( X2, times( X1, X2))))), X3))), plus(
minus( X8, plus(-0.22957, X4)), X5)), X5,myif( X2, X8, X7, X2) ,
minus( plus( X2, times( times( X1,-0.18002), minus( X7, plus(
X1, times( X7,-0.96248))))), plus( times( X2, X2), X5)))), X4)),
plus( minus( plus( plus( X1, times( times( myif( X8, X6, plus(
X2,-0.98426), X5),-0.18002), times(-0.41115, X4))), times(
times( X3,myif( X4, myif( X3, X7,-0.82742, X5), X6,-0.82742)),
minus( X8, plus ( X1, times( times( X1, X8), times( minus( plus(
X1, times( X3, X6)), plus( times( X1, X1), X3)), X7)))))),
X1),myif( minus( plus( X1, times( plus( minus( X1, X2), myif(
minus( plus( X1, times( times( X5, X6), X5)), plus( minus( X8,
X2), X5)), X5, minus( X1, X8), times( X5, X6))), myif( X2,
minus( plus( X1, times( times( X4,-0.18002), times( X7, X4))),
plus( times( X1, X2), X5)), X5,-0.82742))), plus( minus( X8,
plus(-0.22957, X4)), X4)), X5, X4, times( myif( X8, X6, plus(
X2,-0.98426), X5), X4)))), X5, X1, times( X5, myif( X7, X4, X7,
X5)))))
```

SLIKA 44 PRIMER PROGRAMA GENERISANOG PRIMENOG GENETSKOG PROGRAMIRANJA

Uvođenje ove funkcije omogućava genetskom programiranju da nauči i nelinearne zavisnosti.

U slučaju regresije, izlaz programa se koristi direktno. Kada se želi postići klasifikacija, različite klase se koduju različitim numeričkim vrednostima pa se klasifikacija nove vrednosti postiže na osnovu poređenja izlazne vrednosti koju razvijeni model daje za tu instancu i odgovarajućih vrednosti koje reprezentuju klase.

Kod genetskog programiranja, jedinke populacije predstavljaju programi poput onog prikazanog na slici 44. Kako bi se obezbedila proizvoljna dužina programa, oni se predstavljaju u obliku stabla. Tako stablo prikazano na slici 45 odgovara programu *times(plus(X1,5), minus(X1,2))*.

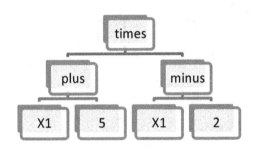

SLIKA 45 PRIMER PREDSTAVE JEDINKE U OBLIKU STABLA.

Stabla ne moraju biti simetrična i čvorovi mogu imati više od dve ulazne vrednosti. Ukrštanje se vrši presecanjem para jedinki (roditelja) na slučajnom mestu i kombinacijom delova kako bi se formirale nove jedinke koje zadržavaju deo karakteristika i jednog i drugog roditelja. Proces je ilustrovan na slici 46.

Mutacija je proces kojim se na slučajan način menja jedan, slučajno izabran, čvor jedinke. Promena čvora može dovesti do promene operacije ili do promene ulazne vrednosti ukoliko je ta vrednost konstanta. Kako bi proces vodio ka sve pogodnijim jedinkama (konvergirao), mutacija se mora izvoditi vrlo retko (npr. samo jedan u 100 potomaka ce biti podvrgnut mutaciji).

Potomci jedne generacije predstavljaju grupu jedinki (populaciju iz koje se biraju roditelji u sledećoj generaciji). Proces se ponavlja ili konačan broj generacija, ili se zaustavlja kada se primeti da se pogodnost jedinki više ne menja u znatnoj meri.

Pogodnost jedinke se definiše kao srednja apsolutna razlika između vrednosti koje se dobiju izvršavanjem programa jedinke za unapred definisani broj vrednosti i unapred definisane željene vrednosti. Ovo odgovara srednjoj apsolutnoj grešci aproksimacije.

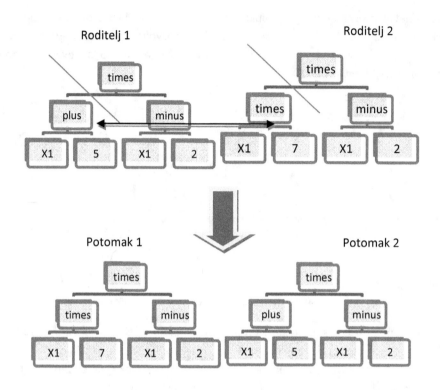

SLIKA 46 UKRŠTANJE.

PRIMENE KLASIFIKACIJE

Dobra ilustracija primene metode *k*-najbližih suseda (kNN) je studija opisana   u publikaciji [33]. U radu je opisan jedan naš (uspešniji) doprinos takmičenju pod nazivom „Izazov mobilnih podataka" (*MDC - Mobile Data Challenge*), organizovanog od strane Nokia istraživačkog centra. U ovom takmičenju, istraživačima je na raspolaganje stavljen skup raznovrsnih podataka koji su prikupljeni sa pametnih telefona 200 dobrovoljaca, tokom perioda od godinu dana. Naša studija je osvojila treće mesto u okviru teme koja je imala za cilj da predvidi demografske karakteristike korisnika (pol, godine, bračni status, zaposlenje, itd.), isključivo na bazi načina na koji oni koriste telefon.

Za primenu metode *k*-najbližih suseda, najpre je formiran graf najbližih suseda, u kome se nalaze sve ivice koje povezuju instancu sa njenih k-najbližih suseda. Graf je konstruisan na bazi udaljenosti izračunate kosinusnom sličnošću (*cosine similarity*). Razmatrane su dve varijante konstrukcije grafova: obični kNN graf i kNN graf koji povezuje samo instance koje su uzajamno u skupu *k* najbližih. Slike 47 i 48 prikazuju grafove uzajamnog tipa, korišćene za predviđanje pola i bračnog statusa korisnika. Budući da su uslovi takmičenja dozvoljavali podnošenje pet različitih rezultata na test podacima, u studiji je ispitana i primena kNN sa prethodnim odabirom atributa, neuronske mreže sa radijalnom bazom i nasumične šume. kNN u kombinaciji sa ReliefF algoritmom odabira atributa je bio najuspešniji za najveći broj zadataka klasifikacije. U ostalima se nasumična šuma pokazala kao najbolji pristup. Ovaj algoritam je i u ostalim zadacima imao performanse blizu onih postignutim najboljim algoritmima.

SLIKA 47 GRAF NAJBLIŽIH SUSEDA ZA KLASIFIKACIJU POLA IZ STUDIJE [33]. ŽENE SU PREDSTAVLJENE SVETLIJOM NIJANSOM A MUŠKARCI TAMNIJOM.

Evaluacija različitih algoritama za rešavanje nekog problema je standardan pristup. U studiji opisanoj u [23] su genetsko programiranje i višeslojni perceptron (opisan u sledećem poglavlju) iskorišćeni za prepoznavanje poplavljenih delova zemljišta na multispektralnim satelitskim snimcima. Na slici 49 je prikazan isečak ulaznog satelitskog snimka (ograničen na vidljivu svetlost). Tamni regioni nepravilnog oblika u centralnom delu slike predstavljaju poplavljeno zemljište.

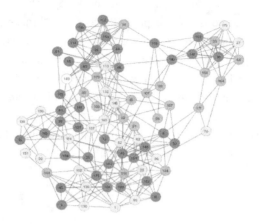

SLIKA 48 GRAF NAJBLIŽIH SUSEDA ZA ODREĐIVANJE BRAČNOG STATUSA U STUDIJI. KLASE („SLOBODNI/RAZVEDENI", „U VEZI" I „VENČANI/ŽIVE ZAJEDNO") SU PREDSTAVLJENE PROGRESIVNO TAMNIJOM NIJANSOM [33].

SLIKA 49 SATELITSKI SNIMAK POPLAVLJENOG ZEMLJIŠTA.

Oba algoritma mašinskog učenja su u studiji postigli odlične rezultate. Perceptron je tačno klasifikovao tačke slike sa tačnošću od 95.6% , dok je genetsko programiranje razvilo klasifikator tačnosti 97.77%. Treba napomenuti da su ovi rezultati postignuti testiranjem klasifikatora na snimcima koji su napravljeni nakon dva meseca u odnosu na one koji su se koristili za trening. U domenu satelitskog snimanja ovo je vrlo značajno, jer su snimci načinjeni u situacijama sa različitim atmosferskim uslovima i solarnom geometrijom. Oba algoritma su dakle uspela da nauče ne samo koncept poplavljenog zemljišta, već i da ostanu u velikoj meri robusna na promene koje izazivaju različiti uslovi snimanja.

Na slikama 50 i 51 su grafički prikazani rezultati prepoznavanja poplavljenog zemljišta, za višeslojni perceptron i genetsko programiranje, respektivno. Beli regioni označavaju poplavljeno zemljište.

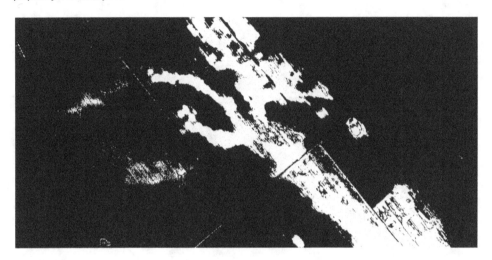

SLIKA 50 REZULTAT PREPOZNAVANJA POPLAVLJENOG ZEMLIŠTA OSTVAREN VIŠESLOJNIM PERCEPTRONOM.

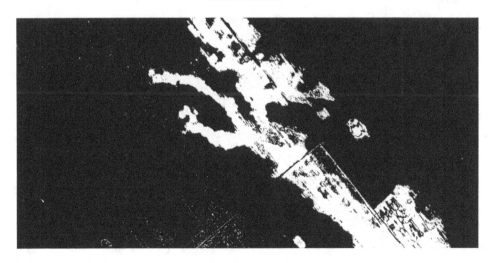

SLIKA 51 REZULTAT PREPOZNAVANJA POPLAVLJENOG ZEMLIŠTA OSTVAREN GENETSKIM PROGRAMIRANJEM.

REGRESIJA

Predviđanje numeričke vrednosti korene vuče u statističkim tehnikama i u velikoj meri predstavlja preteču svega što se radi u otkrivanju znanja i istraživanju podataka. Termin regresija označava proces modelovanja odnosa između skalarne zavisne promenljive i jedne ili više nezavisnih promenljivih (prediktora). U domenu otkrivanja znanja, prediktori odgovaraju obeležjima. Jednostavna regresija predstavlja slučaj kada postoji samo jedan prediktor. Ukoliko se model pravi na osnovu više prediktora, onda se regresija naziva multivarijantnom. Ukoliko je model linearan, regresija je linearna. Kada nije, regresija je nelinearna. Regresija je osnovni koncept objašnjen u nizu publikacija [45][1], te se nećemo u velikoj meri baviti njome. Ipak, mišljenja sam da je shvatanje načina na koji se rešava najjednostavniji problem linearne regresije od velikog značaja za razumevanje svih metoda numeričke predikcije, pa je to prva tema koju diskutujem u ovom poglavlju.

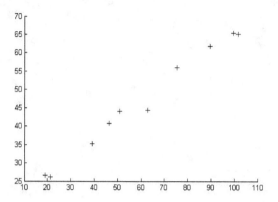

SLIKA 52 SKUP TAČAKA ZA REGRESIJU.

Na slici 52 je prikazan skup tačaka dobijenih merenjem. U slučaju jednostavne linearne regresije, model je prava u dvodimenzionalnom prostoru:

$$y = \beta_1 + \beta_2 x$$

Kada se zna matematička formulacija modela, sve što je potrebno uraditi je odrediti odgovarajuće vrednosti parametara (β_1, β_2) modela. Klasični pristup za rešavanje ovog problema je pristup na bazi najmanjih kvadrata, koji datira još iz vremena Gausa [45].

Pristup najmanjih kvadrata se tako naziva, zbog toga što pokušava da minimizuje razliku između izmerene vrednosti (zavisne) promenljive i predviđanja modela. Neka je u našem slučaju $\{(x_i, y_i),\ i = 1, ..., n\}$ skup tačaka dobijenih merenjem. Kriterijum koji se pokušava minimizovati je:

$$S = \sum_{i=1}^{n} (y_i - \beta_1 + \beta_2 x)^2$$

Minimum kriterijuma se može dobiti izjednačavanjem izvoda po x sa nulom i rešavanjem tako dobijenih jednačina. Za skup tačaka sa slike 52, regresiran model je prikazan na slici 53.

Pristup se može uopštiti na više dimenzija, u kom slučaju se posmatraju parcijalni izvodi kriterijuma po svakom od prediktora. Linearna regresija predstavlja jednu od najjednostavnijih i najkorisnijih tehnika otkrivanja znanja. Mnogi skupovi podataka se mogu dobro modelovati ovim jednostavnim metodom. U skladu sa principom izgradnje što jednostavnijeg modela, probleme koji se mogu rešiti ovom jednostavnom tehnikom ne treba rešavati naprednim metodama.

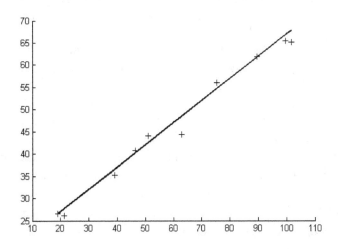

SLIKA 53 MODEL DOBIJEN LINEARNOM REGRESIJOM.

Kod multivarijantne analize model predstavlja pravu u n+1-dimenzionalnom prostoru, gde *n* predstavlja broj obeležja. Ukoliko su vrednosti obeležja normalizovane i nalaze se u istom opsegu ([0,1]),   onda vrednosti parametara linearne regresije pridružene pojedinačnom obeležju govore o tome koliko se brzo ciljna promenljiva menja sa promenom tog konkretnog obeležja, odnosno koliki je uticaj tog obeležja na model. Pored toga što omogućava analizu, ovaj efekat omogućava i eliminaciju obeležja koja ne utiču bitno na predviđanje modela. Stoga je rezultat regresione analize najčešće model koji sadrži znatno manje obeležja kao prediktore, nego što ih ima u skupu podataka na osnovu koga je regresija rađena.

Regresija se može koristiti i za rešavanje problema klasifikacije. Ovakav pristup se naziva logističkom regresijom [1] i mi se u ovoj publikaciji nećemo baviti njime, ali slično regresiji, predstavlja jedan od najjednostavnijih i istovremeno vrlo efikasan način izgradnje klasifikatora.

NUMERIČKA PREDIKCIJA STABLIMA ODLUKE

Stabla koja se koriste za numeričku predikciju su slična stablima odlučivanja koja se koriste za klasifikaciju, sa jednom bitnom razlikom. Umesto oznake klase na svakom listu se nalazi :

- brojevna vrednost, koja najčešće predstavlja srednju vrednost instanci pokrivenih tim listom - regresiona stabla (*regression trees*), ili
- linearni model regresije koji predviđa vrednost ciljne promenljive za instance pokrivene listom – stabla modela (*model trees*).

Slično pristupu koji se koristi kod standardnih stabala odluke, nakon izgradnje stabla za numeričku predikciju, koristi se postupak orezivanja kako bi se stablo poboljšalo.

Izgradnja modela na bazi regresionih stabala se ne razlikuje u velikoj meri od postupka opisanog za problem klasifikacije. Kada se instance skupa za trening razvrstaju u odgovarajuće listove, vrednost lista se određuje kao srednja vrednost instanci koje mu pripadaju. Više o regresionim stablima možete naći u klasičnoj publikaciji [47], koja opisuje niz modela grupno poznatih kao CART (*Classification and Regression Trees*). Izgradnja stabla modela u većoj meri odstupa od prethodno opisanog pristupa, pa ćemo joj ovom prilikom posvetiti malo više prostora. Bavićemo se još jednim Kvinlanovim (*Quinlan*) pristupom koji je on nazvao M5' [46], a čija se implementacija u WEKA okruženju nalazi pod nazivom M5P.

STABLA MODELA

Stabla modela kombinuju konvencionalno stablo odluke sa funkcijama linearne regresije na listovima. Na taj način se gradi model koji je u delovima linearan, podelom podataka na podgrupe u kojima postoji linearna zavisnost između ciljne promenljive i obeležja, što je mnogo manje restriktivan zahtev od onoga koji postavlja linearna regresija.

U prvoj fazi, koristi se algoritam indukcije stabla odluke da bi se napravilo stablo. Umesto maksimizacije informacione dobiti na svakom unutrašnjem čvoru, koristi se kriterijum odvajanja koji minimizuje varijacije u vrednostima klase podskupova do kojih se stiže niz svaku granu stabla.

Kriterijum razdvajanja se bazira na tretiranju standardne devijacije vrednosti klase instanci koje dosežu čvor kao mere greške na tom čvoru i računanju očekivane redukcije greške kao rezultata testiranja svakog atributa na tom čvoru. Odabira se atribut koji maksimizuje očekivanu redukciju greške. Redukcija standardne devijacije (SDR) se računa prema formuli:

$$SDR = sd(T) - \sum_t \frac{T_t}{T} \times sd(T_t)$$

gde je T skup primera koji su stigli u određeni čvor a T_t, $t=1,..,n$ su skupovi koji su rezultat odvajanja čvora prema određenom atributu, a *sd* standardna devijacija. Razdvajanje kod M5' prestaje kada vrednosti klase svih instanci koje su dospele do čvora variraju vrlo malo, ili ako ostane samo nekoliko instanci. Algoritam M5' se tipično zaustavlja kada je devijacija vrednosti zavisne promenljive na čvoru manja od 5% od standardne devijacije vrednosti klase čitavog originalnog skupa instanci ili kada broj instanci u čvoru padne na 4 ili manje.

Procedura formiranja stabla je slična i kod CART-a. Razlika je u tome što CART bira atribute koji daju najveću očekivanu redukciju varijanse ili apsolutne devijacije. Rezultati su vrlo neosetljivi na to koji od ova tri kriterijuma je izabran - u svim slučajevima se dobijaju slična stabla.

Orezivanje stabla se bazira na očekivanoj vrednosti greške koja će se dogoditi na svakom čvoru za podatke u test skupu. Inicijalna procena greške je apsolutna razlika između predviđene vrednosti i stvarne vrednosti klase, usrednjena za svaki od primera koji stignu u čvor. Ovaj prosek će, naravno potceniti očekivanu grešku za nepoznate slučajeve. Kako bi se ovaj efekat umanjio, Kvinlan predlaže da se ovako procenjena greška pomnoži faktorom (n+v)/(n-v), gde je n broj primera koji su stigli u čvor, a v broj parametara u modelu koji predstavlja vrednost klase u tom čvoru.

M5' algoritam najpre izračunava linearni model za svaki unutrašnji čvor neorezanog stabla. Model se izračunava koristeći standardnu regresiju, koristeći samo atribute koji su testirani u podstablu ispod datog čvora, odnosno nalaze se u linearnim modelima tog podstabla. Pored toga, pokušavaju se jedan po jedan odbaciti atributi iz ovako nastalog modela, ukoliko će to dovesti do smanjenja greške. Konačno, kada su izračunati najbolji mogući modeli za svaki unutrašnji čvor, stablo se, počev od listova, pojednostavljuje tako što se unutrašnji čvorovi jedan po jedan testiraju i postaju listovi, ukoliko se procenjena greška ovim postupkom smanjuje. Model novonastalog lista odgovara modelu koji je za njega izgrađen u prethodnoj fazi, dok je još bio unutrašnji čvor.

Ovako napravljen model može imati značajne diskontinuitete na granicama modela napravljenih za pojedine listove, budući da su oni u potpunosti nezavisni. Stoga se u slučaju M5' sprovodi finalna operacija poboljšanja modela koja ima za cilj da ublaži ovakve efekte. Ovakvo „izravnavanje" modela se postiže linearnom kombinacijom predviđanja modela nižeg nivoa i modela izgrađenog za unutrašnji čvor, u svakom unutrašnjem čvoru. Kada se linearni model lista jednom iskoristi za grubo predviđanje vrednosti instance za testiranje, dobijena vrednost se filtrira ka gore, kroz modele unutrašnjih čvorova, sve do početnog čvora.

Za računanje poravnanja se koristi sledeća matematička formula:

$$p` = \frac{np + kq}{n + k}$$

gde je:

$p`$ – vrednost predviđanja koja se prosleđuje višem čvoru (pretku),

p – vrednost predviđanja dobijena od čvora ispod (čvora potomka),

q – vrednost predviđanja dobijena modelom za posmatrani čvor,

n – broj trening instanci koji je stigao do čvora ispod,

k – konstanta poravnanja sa podrazumevanom vrednošću 15.

NEURONSKE MREŽE

Neuronske mreže predstavljaju klasu algoritama mašinskog učenja koji pokušavaju da kopiraju osnovne principe funkcionisanja bioloških neurona. Sastoje se od skupa povezanih čvorova koji primaju signale kroz ulazne veze, obrađuju ove signale i prosleđuju rezultat obrade drugim neuronima. Veze među čvorovima simuliraju sinapse između neurona u biološkim sistemima. Kako bi se izrazio relativan međusobni uticaj dva čvora, vezama se dodeljuju težinski faktori. U veštačkim neuronskim vezama, ove težine se uče na osnovu skupa podataka (mreža se obučava), kako bi se formirali odgovarajući modeli za numeričku predikciju ili klasifikaciju.

Danas postoji veliki broj različitih arhitektura neuronskih mreža i algoritama za obučavanje, čiju različitost prevazilazi samo dijapazon njihovih primena [53][54][17][30].

WEKA na žalost uključuje samo dva algoritma za obučavanje neuronskih mreža: višeslojni-perceptron (Multilayer Perceptron - MLP) i mrežu na bazi funkcije sa radijalnom osnovom (*Radial Basis Function*) [53].

Višeslojni perceptron je klasični pristup koji se više koristi u našim istraživanjima, pa ćemo se njime pozabaviti detaljnije. Struktura ovakve neuronske mreže je prikazana na slici 54.

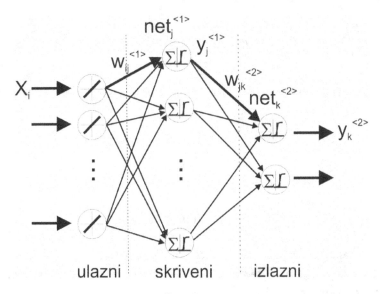

SLIKA 54 VIŠESLOJNI PERCEPTRON.

Kako slika prikazuje, čvorovi kod višeslojnog perceptrona su organizovani u više slojeva: ulazni, skriveni i izlazni. Skrivenih slojeva teoretski može biti proizvoljan broj, ali WEKA ovo ne podržava.

MLP je mreža sa prenosom signala unapred (feed-forward network), što znači da se signali prenose samo u jednom smeru, od ulaza ka izlazu, bez povratne sprege.

Na slici je sa x_i označen i-ti ulaz mreže, koji odgovara numeričkoj vrednosti i-tog obeležja. Težine veza između i-tog ulaznog neurona i j-og skrivenog neurona su označene sa $w_{ij}^{<1>}$. Aktivacija j-og skrivenog neurona je označena sa $net_j^{<1>}$, dok je $y_j^{<1>}$ izlaz j-og skrivenog neurona. Slično, Similarly, $w_{jk}^{<1>}$ je težina veze između j-og skrivenog neurona i k-tog izlaznog neurona, $net_k^{<2>}$ aktivacija k-tog izlaznog neurona, a $y_k^{<2>}$ njegov izlaz.

Aktivacija j-tog skrivenog neurona se računa na osnovu:

$$net_j^{<1>} = \sum_{i=0}^{N_i} w_{ij}^{<1>} x_i$$

gde je N_i broj ulaznih neurona. Aktivacija k-tog skrivenog neurona je:

$$net_k^{<2>} = \sum_{j=0}^{N_h} w_{jk}^{<1>} y_j^{<1>}$$

gde je N_h broj skrivenih neurona. Svi skriveni neuroni imaju sigmoidnu funkciju prenosa, pa je:

$$y_j^{<1>} = \frac{1}{1 + e^{net_j^{<1>}}}$$

$$y_k^{<2>} = \frac{1}{1 + e^{net_k^{<2>}}}$$

MLP se najčešće obučava primenom algoritam propagacije greške unazad (*back-propagation*). Ovaj algoritam iterativno podešava težine mreže kako bi se minimizovala sledeća funkcija greške:

$$J(W) = \sum_{n=1}^{N_i} \sum_{k=1}^{N_o} \left(t_k^{(n)} - y_k^{<2>(n)} \right)^2$$

gde N_i predstavlja broj instanci u skupu za trening, N_o je broj izlaznih neurona, $t_k^{(n)}$ stvarna vrednost zavisne promenljive za n-tu instancu, a $y_k^{<2>(n)}$ izlazna vrednost vraćena od strane mreže za obeležja te instance na ulazu.

Težine veza u mreži se iterativno podešavaju koristeći pravilo:

$$\Delta w(s) = \mu |\Delta w(s-1)| + (1-\mu) \left[\rho \frac{\partial J(W)}{\partial w} \right]$$

gde $\Delta w(s)$ predstavlja promenu težina u koraku s, μ je moment a ρ stopa učenja. Poslednja dva parametra kontrolišu dinamiku učenja mreže. Stopa učenja kontroliše brzinu učenja mreže, dok moment usporava učenje ukoliko se znak korekcije menja od koraka od koraka. Ovakve oscilacije govore o prisustvu šuma, pa se moment koristi da stabilizuje proces učenja mreže u ovakvim situacijama. Kada su izmene težina istog znaka, moment će ubrzati učenje.

Primene

U domenu tehničkih nauka su primene algoritama za numeričku predikciju veoma česte i primeri naših istraživanja u kojima se ovakve metode koriste su toliko brojni da ih neću sve diskutovati. Umesto toga, probaću ukratko da ilustrujem praktičnu primenu metoda koje su detaljnije opisane u ovom poglavlju. Zainteresovani mogu potražiti detaljnije opise u navedenim referencama.

Zanimljiva uspešna primena M5′ stabala modela je nastala kao posledica naše saradnje sa kolegama sa departmana za inženjerstvo zaštite životne sredine našeg fakulteta [20]. Podaci sa kojima smo ovde radili su predstavljali rezultate dugotrajnih eksperimentalnih merenja i skupih laboratorijskih analiza, sprovedenih sa ciljem utvrđivanja koncentracije perzistentnih organskih polutanata (poliaromatičnih ugljovodonika) u vazduhu. Naš cilj u ovoj studiji je bio pokušamo da primenimo metode otkrivanja znanja kako bi razvili model koji bi mogao bolje, nego što je to moguće primenom laboratorijskih modela, da predvidi raspodelu između gasovite i čestične faze ovih jedinjenja u ambijentalnom vazduhu. Primenom M5′ algoritma smo uspeli da dobijemo vrlo dobro korelisane modele za raspodelu četiri posmatrana jedinjenja. Razvijeni modeli su uz to bili i vrlo jednostavni i u tri slučaja su se sveli na jednostavnu regresionu jednačinu. Analiza ovih modela je otkrila da su sva ova jedinjenja povezana sa koncentracijom jednog iz grupe posmatranih jedinjenja, sugerišući postojanje nekog do sada nepoznatog procesa međusobne konverzije ovih jedinjenja.

Studija opisana u [16] predstavlja primenu i M5′ i MLP pristupa u domenu analize multimedijalnog sadržaja. U ovoj studiji su oba algoritma uspešno iskorišćena kako bi se razvio sistem koji je u stanju da automatski, bez poznavanja originalnog sadržaja, utvrdi kvalitet videa kako ga percipiraju gledaoci.

Konačno, MLP se može vrlo efikasno koristiti i za klasifikaciju. U slučaju binarne klase, najčešće je dovoljno predstaviti dve vrednosti klase brojevnim vrednostima 1 i -1. Primeri primena koji se bave klasifikacijom su dati na kraju prethodnog poglavlja, pa savetujem da pogledate kratak opis studija u domenu klasifikacije satelitskih snimaka [23][24] dat tamo. MLP je u ovim studijama efikasno korišćen za prepoznavanje poplavljenog zemljišta.

ODABIR OBELEŽJA

Izbor obeležja je od fundamentalne važnosti za proces otkrivanja znanja. Ukoliko su obeležja takva da ne opisuju proces na adekvatan način ili nisu relevantna za koncept koji se pokušava naučiti, onda će i otkrivanje znanja biti neuspešno. Logično, ne može se pokušati otkriti informacija o nečemu u skupu podataka koji ovu informaciju ne sardži. Ovo se često naziva GIGO (*Garbage In, Garbage Out*) [7] principom. Dva su načina da se ovaj problem reši: kreirati obeležja koja su deskriptivna ili, u praksi često zastupljen pristup, krenuti od relativno velikog skupa obeležja, iz koga se zatim izaberu ona koja su relevantna. Tako je na primer, u studiji opisanoj u [28] jedan od skupova podataka na raspolaganju za učenje imao preko 14000 obeležja po instanci. Selekcijom obeležja (atributa) pokušava se smanjiti dimenzionalnost skupa podataka u ovakvim situacijama kada bi učenje modela trajalo previše dugo. Naravno, cilj je zadržavanje samo onih atributa koji su najpogodniji za proces mašinskog učenja. Pored povećanja računske zavisnosti algoritama učenja, prisustvo velikog broja obeležja i obeležja koja nisu relevantna za učenje koncepta, ima još jednu ne tako očiglednu lošu posledicu. Naime, iako bi, teoretski, algoritmi mašinskog učenja trebalo da su u stanju da razluče između relevantnih i nerelevantnih obeležja, svaki algoritam je razvijen na određenim pretpostavkama, najčešće o nezavisnosti obeležja, koje su često narušene u originalnom skupu obeležja. Stoga algoritmi mašinskog učenja, u velikoj većini slučajeva ostvaruju lošije performanse ako se u skupu podataka nalaze suvišni atributi.

Selekcija atributa podrazumeva pretraživanje svih mogućih kombinacija atributa, kako bi se na kraju odlučilo koji će se podskup koristiti za modelovanje. Da bi se ovaj proces sproveo potrebno je doneti odluku o dva ključna aspekta: evaluatoru atributa i metodi pretrage. Evaluator atributa vrši procenu kvaliteta pojedinačnog atributa, odnosno podskupa atributa, dok metode pretrage omogućavaju pretragu svih mogućih podskupova atributa. Proces selekcije optimalnog podskupa atributa je ilustrovan na slici 55:

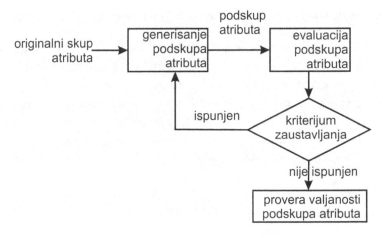

SLIKA 55 SELEKCIJA OPTIMALNOG PODSKUPA ATRIBUTA.

Generisanje podskupa atributa je postupak koji generiše podskup iz originalnog (polaznog) skupa atributa korišćenjem neke od tehnika pretrage i evaluacije. Početni skup može biti prazan skup, ceo originalni skup ili podskup koji se formira slučajnim izborom iz skupa podataka.

Evaluacija ili ocena podskupa atributa pruža meru kvaliteta generisanog podskupa izračunatu na bazi nekog od kriterijuma za evaluaciju.

Kriterijum zaustavljanja obezbeđuje završavanje postupka selekcije atributa u razumnom vremenu ili kada se iscrpe svi raspoloživi računarski resursi. Tipični kriterijumi zaustavljanja uključuju: unapred zadat broj atributa koji se može pojaviti u podskupu, dostizanje optimalnog podskupa prema kriterijumu evaluacije itd.

Provera valjanosti (validacija) podskupova atributa podrazumeva korišćenje različitih testova kako bi se dodatno proverila ispravnost odabranog podskupa i nije uvek obavezna.

Postoje dva osnovna pristupa odabiru obeležja: nezavisno od metode mašinskog učenja koja će se kasnije koristiti (filter metode) i odabir obeležja namenjen određenoj metodi (metoda omotača).

FILTER METODE

Filter metode vrše nezavisnu procenu zasnovanu na opštim karakteristikama podataka.

Metode filtra se dele u dve grupe u zavisnosti od toga da li se vrednuju pojedinačni atributi ili celi podskupovi atributa. Ako se vrednuju pojedinačni atributi, selekcija se vrši rangiranjem atributa prema kriterijumu kvaliteta za dati postupak. Kada su atributi rangirani u finalni skup obeležja ulaze ili svi atributi za koje vrednost kriterijuma prelazi unapred utvrđeni prag, ili se unapred definiše broj atributa najviše rangiranih atributa koji će formirati finalni skup. Metode filtra koje vrednuju podskupove atributa kao rezultat vraćaju najbolje rangirani podskup atributa.

Jedan od najjednostavnijih načina selekcije atributa, nezavisan od algoritma učenja, je da se izabere najmanji podskup atributa dovoljan da se pojedinačni primeri mogu razlikovati. Pri izboru ovakvog podskupa je neophodno izvršiti iscrpno pretraživanje prostora atributa, a za svaki podskup je neophodno proveriti sve instance.

Prednost filter metoda nad metodama omotača je upravo u njihovoj nezavisnosti od algoritma učenja, što omogućava korišćenje odbranog skupa obeležja u kombinaciji sa bilo kojom tehnikom modelovanja. Pored toga, filter metode su manje računski zahtevne.

Na slici 56 grafički je prikazan način na koji se vrši vrednovanje atributa ili podskupova atributa pomoću filter metode. Postoji veliki broj različitih filter metoda [49]. Mnoge su implementirane u WEKA okruženju. Iscrpan opis ovih pristupa je izvan okvira ove publikacije, ali ćemo se pozabaviti dvema često korišćenim: rangiranjem atributa zasnovanim na količini informacije i *Relief* metodom.

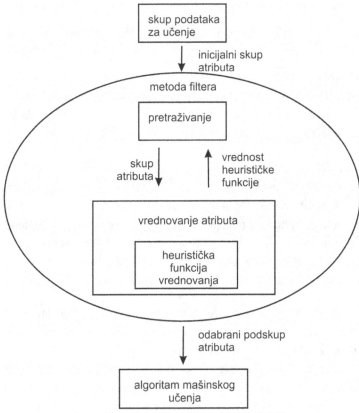

SLIKA 56 ODABIR ATRIBUTA FILTER METODAMA.

RANGIRANJE ATRIBUTA ZASNOVANO NA KOLIČINI INFORMACIJE

Tehnika se, slično C4.5 pristupu, zasniva na dostignućima teorije informacija. Svaki atribut nosi određenu količinu informacije. Ako atribut ima samo jednu moguću vrednost, onda podatak da novi primer ima tu vrednost ne predstavlja informaciju za algoritam mašinskog učenja. Međutim, ako atribut može imati veliki broj različitih vrednosti, onda podatak da novi primer ima neku od tih vrednosti nosi veliku količinu informacije. Količina informacija koju saznavanje konkretne vrednosti atributa nosi, naziva se informativna vrednost atributa ili entropija. Ako je A atribut a C klasa, entropija klase C se može izraziti kao:

$$H(C) = -\sum_{c \in C} p(c) \log_2 p(c)$$

gde c predstavlja vrednosti koje promenljiva klasa može imati. Slično, entropija obeležja se može izračunati kao :

$$H(C \mid A) = -\sum_{a \in A} p(a) \sum_{c \in C} p(c \mid a) \log_2 p(c \mid a)$$

gde *a* predstavlja pojedinačnu vrednost iz skupa svih mogućih vrednosti atributa (*A*). Entropija atributa predstavlja informativnu vrednost svakog atributa izmerenu u bitima. Na osnovu te vrednosti, atributi se rangiraju i za finalni skup obeležja biraju oni sa najvećom vrednošću.

RELIEF ALGORITAM

Relief (Recursive Elimination of Features) algoritam je baziran na ideji da su dobra obeležja ona koja više razdvajaju granične uzorke dve klase. Kako bi se ovaj kriterijum praktično evaluirao, ispituju se pojedinačne instance i njima najbliži elementi dve klase. U tom smislu, algoritam ima sličnosti sa metodom *k*-najbližih suseda i daje vrlo dobre rezultate u kombinaciji sa tom metodom [49]. Izlaz algoritma je, opet, rang lista atributa koja se koristi za selekciju.

Relief funkcioniše na sledeći način: nasumično se odabere instanca (*V*) iz skupa polaznih instanci (*U*) i ažurira relevantnost atributa s obzirom na to koliko je odabrana instanca udaljena od najbliže instance iz iste (V_s - *near hit*) i najbliže instance iz druge klase (V_d - *near-miss*). Mera relevantnosti obeležja je udaljenost i prikazuje koliko dobro razdvaja uzorke *V* i V_{dr} i koliko dobro spaja *V* i V_{iv}. Vrednost (težina) *i*-tog (T_i) atributa se računa kao:

$$T_i = \sum_{V \in p(U)} d(V, V_d) - d(V, V_s)$$

gde je *d* mera udaljenosti, a *p(U)* slučajno izabran podskup skupa instanci.

Iako je Relief razvijen za probleme u kojima klasa može imati samo dve vrednosti (binarna klasifikacija), postoji poboljšana verzija ovog algoritma koji se može primeniti i u slučaju većeg broja klasa, nazvana *ReliefF*. Implementacija ove metode je dostupna i u WEKA rešenju.

Osnovni nedostatak ovog algoritma je u tome što ne radi dobro sa redundantnim atributima. Ako je većina atributa relevantna za koncept, odabraće ih sve, bez obzira što je samo nekolicina dovoljna za opis koncepta.

Metode omotača

Mere performansi proizvoljnog algoritma mašinskog učenja se mogu iskoristiti za evaluaciju pogodnosti podskupa atributa. Kada se primenjuje ovakav pristup, finalni odabrani podskup obeležja je prilagođen specifičnoj metodi, te se mogu očekivati bolje performanse nego primenom filter metoda. Naravno, da bi se ovaj efekat u potpunosti iskoristio, algoritam korišćen za odabir atributa kasnije treba koristiti i za modelovanje.

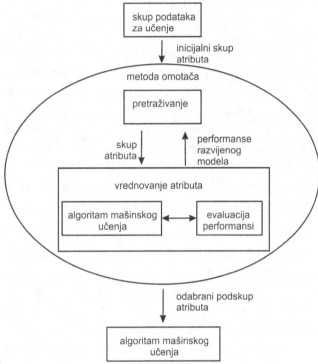

SLIKA 57 SELEKCIJA ATRIBUTA METODAMA OMOTAČA .

Na slici 57 je dat šematski prikaz ovog pristupa. Za svaki posmatrani podskup atributa gradi se model i ocenjuju se njegove performanse. Procena kvaliteta podskupova se često vrši primenom unakrsne validacije. Bolje performanse nekog modela ukazuju na kvalitet podskupa atributa na bazi kojih je model nastao.

Nedostatak metode omotača je sporost izvršavanja koja je uzrokovana višestrukim pozivanjem algoritma mašinskog učenja, stoga ovim metodama ne odgovaraju skupovi podataka za učenje sa velikim brojem atributa.

PRIMENE

Odabir obeležja predstavlja operaciju koja se sprovodi u većini praktičnih studija. Pored mogućeg povećanja tačnosti i mogućnosti generalizacije naučenih modela (njihove sposobnosti da se nose sa novim, nepoznatim podacima), često je za primene pogodnije imati algoritam koji omogućava predikciju i klasifikaciju brže, na uštrb tačnosti.

Multimedijalne primene su tipično ovakve. Iako je broj obeležja korišćen u studijama [16][30] relativno mali, ona se moraju izračunati za svaku drugu sliku videa, tako da je odabir i smanjenje broja obeležja od ključnog značaja u opisanim primenama. U studiji opisanoj u [16], korišćene su i filter metoda i metoda omotača, kako bi se proces automatske procene kvaliteta ubrzao. Primenjena filter metoda je metoda zasnovana na korelaciji zavisne promenljive i obeležja [50], koja je dostupna u okviru WEKA okruženja. Pretraga genetskim algoritmom, opisanim u prethodnom poglavlju, je korišćena da se istraži prostor rešenja. Ovaj pristup je identifikovao 5 od originalnih 35 atributa koji su najznačajniji za rešavanje predmetnog problema. Metoda omotača je primenjena za M5' algoritam, što je dovelo do odabira 16 značajnih obeležja. Interesantno je da se povećanjem broja obeležja sa 5, odabranih filter metodom, na 16 dobijenih metodom omotača, greška predviđanja smanjuje za samo 2.3%, uz znatno povećanje računske zahtevnosti.

Još jedna interesantna primena selekcije obeležja u našim istraživanjima je u domenu obrade multispektralnih satelitskih snimaka. U studiji opisanoj u [51], iskoristili samo metodu omotača da procenimo relevantnost pojedinih opsega, prisutnih u multispektralnim slikama dobijenim sa WorldView-2 satelita, za problem detekcije poplavljenog poljoprivrednog zemljišta. Pored unapređenja brzine obrade snimaka, koji su veoma veliki i računski zahtevni, selekcija obeležja je u ovoj primeni od direktnog značaja za cenu sprovođenja procesa, budući da se satelitski snimci naplaćuju na osnovu paketa spektralnih opsega koji se dobijaju. Smanjenje broja obeležja u ovoj primeni vodi jasnoj preporuci za smanjenje cene snimaka i može biti od značaja za planiranje spektralnih opsega koji će se naći na budućim satelitskim platformama namenjenim ovakvim primenama.

Generalno, ukoliko mogućnost postoji, treba uvek pokušati primeniti jedan od algoritama za selekciju atributa dostupan u okruženju WEKA. Iscrpna pretraga prostora rešenja je jedina koja garantuje optimalno rešenje, ali genetska pretraga predstavlja dobru i robusnu alternativu.

LITERATURA

[1] Witten, I. H. andFrank, E. (2005). Data Mining – Practical Machine Learning Tools. *The Morgan Kaufmann*, San Francisco.

[2] Dunn,J. C. (1973). A Fuzzy Relative of the ISODATA Process and Its Use in Detecting Compact Well-Separated Clusters.*Journal of Cybernetics3*, 32-57.

[3] Bezdek,J. C. (1981). Pattern Recognition with Fuzzy Objective Function Algoritms, *Plenum Press*, New York.

[4] Cantrell, C. D. (2000). Modern Mathematical Methods for Physicists and Engineers.*Cambridge University Press*, Cambridge.

[5] Chavent, M. (1998).A Monothetic Clustering Method, *Pattern Recognition Letters,vol.19, no. 11, Elsevier*, 989-996.

[6] Sokal, R.R. (1977). Clustering and Classification: Background and Current Directions, Classification and Clustering.*Academic Press*, New York.

[7] Ester, M., Kriegel, H. P., Kriegel, J., Xu, X. (1996). A Density-Based Algorithm for Discovering Clusters in Large Spatial Databases with Noise. *In Evangelos Simoudis, Jiawei Han, Usama M. Fayyad. Proceedings of the Second International Conference on Knowledge Discovery and Data Mining(KDD-96). AAAI Press,* 226–231.

[8] Ankerst, M., Breunig, M. M.,Kriegel, H. P. andSander, J. (1999). OPTICS: Ordering Points to Identify the Clustering Structure. *ACM SIGMOD international conference on Management of data, ACM Press,* 49-60.

[9] MacQueen, J. B. (1967). Some Methods for Classification and Analysis of Multivariate Observations. *1. Proceedings of 5th Berkeley Symposium on Mathematical Statistics and Probability. University of California Press,*281-297.

[10] Vattani, A. (2011). K-means Requires Exponentially Many Iterations Even in the Plane. *Discrete and Computational Geometry 45 (4)*, 596-616.

[11] Pelleg, D., Moore, A. and others (2000).X-means: Extending K-means with Efficient Estimation of the Number of Clusters. *Proceedings of the Seventeenth International Conference on Machine Learning,vol. 1,* 727-734.

[12] Burnham, K. P. and Anderson, D.R. (2004).Multimodel Inference: Understanding AIC and BIC in Model Selection. *Sociological Methods and Research, 33*, 261-304.

[13] Asano, T., Bhattacharya, B., Keil, M. and Yao, F. (1988). Clustering Algorithms Based on Minimum and Maximum Spanning Trees. *In Proceedings of the 4th Annual Symposium on Computational Geometry*, 252-257.

[14] Zahn, C. (1971). Graph-theoretical Methods for Detecting and Describing Gestalt Clusters. *IEEE Transactions on Computers, C-20*, 68-86.

[15] Socek, D.,Ćulibrk, D., Marques, O.F., Kalva, H. and Furht, B.(2005).A Hybrid Color-based Foreground Object Detection Method for Automated Marine Surveillance. *Lecture Notes in Computer Science, Vol. 3708*, 340- 347.

[16] Ćulibrk, D., Mirković, M., Zlokolica, V., Pokrić, M., Crnojević, V. andKukolj D. (2011). Salient Motion Features for Video Quality Assessment.*IEEE Trans. on Image Processing, Volume: 20 Issue:4*,948-958.

[17] Ćulibrk, D., Marques, O., Socek, D., Kalva, H. and Furht, B. (2007). Neural Network Approach to Background Modeling for Video Object Segmentation. *IEEE Trans. on Neural Networks,Vol. 18, No. 6*, 1614-1627.

[18] Socek, D., Kalva, H., Magliveras, S. S., Marques, O., Ćulibrk, D. and Furht, B.(2007). New Approaches to Encryption and Steganography for Digital Videos. *Multimedia Systems, Vol. 13, No. 3*, 191- 294.

[19] Ćulibrk, D., Mirković, M., Lugonja, P. and Crnojević, V. (2012). Mining Web Videos for Video Quality Assessment.*International Journal of Computer Information Systems and Industrial Management (IJCISIM), vol. 4*, 392-399.

[20] Radonić, J., Ćulibrk, D., Vojinović-Miloradov, M., Kukić, B. andTurk-Sekulić, M. (2011). Prediction Of Gas-Particle Partitioning Of Pahs Based On M5' Model Trees. *Thermal Science, No. 1, vol. 15*, 105-114.

[21] Ćulibrk, D., Mancas, M. andCrnojević, V. (2012). Dynamic Texture Recognition Based on Compression Artifacts. *Towards Advanced Data Analysis by Combining Soft Computing and Statistics in Fuzziness and Soft Computing,vol 285*, 253-266.

[22] Mirković, M., Ćulibrk, D. and Crnojević, V. (2013). Mining Geo-Referenced Community-Contributed Multimedia Data. *Computational Social Networks: Mining and Visualization Abraham, Ajith (Ed.)*, Springer.

[23] Ćulibrk, D., Lugonja, P., Minić, V. andCrnojević, V. (2012). Water-Stressed Crops Detection Using Multispectral WorldView-2 Satellite Imagery. *International Journal of Artificial Intelligence, vol 9, No A12*, 124-139.

[24] Ćulibrk, D., Lugonja, P., Minić, V. and Crnojević, V. (2011).Neural Network Approach to Water-Stressed Crops Detection Using Multispectral WorldView-2 Satellite Imagery, Artificial Intelligence Applications And Innovations. *IFIP Advances in Information and Communication Technology, Volume 364/2011*, 323-331.

[25] Mirković, M.,Ćulibrk, D., Papadopoulos, S., Zigkolis, C., Kompatsiaris, Y., Mcardle, G. and Crnojević, V. (2011). A Comparative Study of Spatial, Temporal and Content-based Patterns Emerging in YouTube and Flickr.

Proceedings of the Computational Aspects of Social Networks (CASoN'11), Salamanca.

[26] Gavrić, K., Ćulibrk, D., Mirković, M. and Crnojević, V. (2011).Using YouTube Data to Analyze Human Continent-Level Mobility. *Proceedings of the Computational Aspects of Social Networks (CASoN'11),* Salamanca.

[27] Gavrić, K., Ćulibrk, D., Lugonja, P., Mirković, M.,Crnojević, V. (2011).*Detecting Attractive Locations and Tourists' Dynamics using Geo-referenced Images, Proceedings of TELSIKS 2011,* Niš.

[28] Sladojević, S., Ćulibrk, D., Crnojević, V. (2011). Predicting the Churn of TelecommunicationService Users using Open Source Data Mining Tools. *Proceedings of TELSIKS 2011,* Niš.

[29] Ćulibrk D., Mirković M., Lugonja, P., Crnojević, V. (2010). Mining Web Videos for Video Quality Assessment. *International Conference of Soft Computing and Pattern Recognition (SoCPaR),* Paris.

[30] Ćulibrk, D., Kukolj, D., Vasiljević, P., Pokrić, M. and Zlokolica, V. (2009). Feature Selection for Neural-Network Based No-Reference Video Quality Assessment.*Artificial Neural Networks–ICANN 2009, Part II ,LNCS, Theoretical Computer Science and General Issues , Vol. 5769,* 633 – 642.

[31] Antić, B., Letić, D., Ćulibrk, D., Crnojević, V. (2009), K-means Based Segmentation for Real-Time Zenithal People Counting. *16th IEEE International Conference on Image Processing, ICIP 2009,* 2565 - 2568.

[32] Lindman, H. R. (1974).Analysis of Variance in Complex Experimental Designs. *W. H. Freeman & Co.*

[33] Brdar, S., Ćulibrk, D., Crnojević, V. (2012). Demographic Attributes Prediction on the Real-World Mobile Data, *Nokia Mobile Data Challenge,* Newcastle.

[34] http://www.youtube.com/t/press_statistics, preuzeto 12.11.2012.

[35] http://www.flickr.com/photos/franckmichel/6855169886/, preuzeto 12.11.2012.

[36] Mikut, R., Reischl, M. (2011). Data Mining Tools. *Karlsruhe Institute of Technology,* Eggenstein-Leopoldshafen.

[37] Wu, X., Kumar, V., Quinlan, R., Ghosh, J., Yang, Q., Motoda, H., McLachlan, G., Ng, A., Liu, B., Yu, P., Zhou, Z-H., Steinbach, M., Hand, D., Steinberg, D. (2008). Top 10 Algorithms in Data Mining. *Knowl Inf Syst,14,*1-37.

[38] Cormen, T. H., Leiserson, C. E., Rivest,R. L. and Stein, C. (2009).Introduction to Algorithms. *Massachusetts Institute of Technology,* Massachusetts.

[39] Quinlan, J. R. (1992).C4.5: Programs for Machine Learning. *Morgan Kaufmann,* Los Altos.

[40] Breiman, L. (2001). Random Forests. *Machine Learning 45 (1),* 5-32.

[41] Ho, T. K. (1995). Random Decision Forest. *Proceedings of the 3rd International Conference on Document Analysis and Recognition*, 278-282.

[42] Ho, T. K. (1998). The Random Subspace Method for Constructing Decision Forests. *IEEE Transactions on Pattern Analysis and Machine Intelligence 20 (8)*, 832-844.

[43] Kleinberg, E. (1996). An Overtraining – Resistant Stochastic Modeling Method for Pattern Recognition. *Annals of Statistics 24 (6)*: 2319-2349.

[44] Caruana, R., Karampatziakis, N. and Yessenalina, A. (2008). An Empirical Evaluation of Supervised Learning in High Dimensions. *Proceedings of the 25th International Conference on Machine Learning (ICML)*, Helsinki.

[45] Bretscher, O. (1995). Linear Algebra With Applications (3rd Edition). *Upper Saddle River: Prentice Hall,* New Jersey.

[46] Quinlan, R. J. (1992). Learning with Continuous Classes. *5th Australian Joint Conference on Artificial Intelligence*, 343-348.

[47] Breiman, L., Friedman, J., Stone, C.J. and Olshen, R.A. (1984) Classification and Regression Trees. *Chapman & Hall*.

[48] Butler, J., Lidwell, W. and Holden, K. (2010). Universal Principles of Design (2nd Edition.), *Rockport Publishers*, Gloucester.

[49] Molina, C., Belanche, L. and Nebot, A. (2002). Feature Selection Algorithms: A Survey and Experimental Evaluation. *IEEE International Conference on Data Mining (ICDM'02)*, 306.

[50] Hall, M. (2000).Correlation-Based Feature Selection for Discrete and Numeric Class Machine Learning. *Proc. Mach. Learning Int.Workshop*, 359-366.

[51] Lugonja, P., Letić, D.,Ćulibrk, D. and Crnojević, V. (2011).Optimal Spectral Band Detection for Wet Farmland Localization in Sattelite Images. *2nd International Conference on Space Technology (ICST)*,1-4.

[52] Petrović, N., Lugonja, P.,Ćulibrk, D.and Crnojević, V. (2010). Detection of Wet Areas in Multispectral Images of Farmland. *The Seventh Conference on Image Information Mining: Geospatial Intelligence from Earth Observation*, 21-24.

[53] Haykin, S. (1994). Neural Networks: A Comprehensive Foundation. *Macmillan,* New York.

[54] Socek,D. and Ćulibrk, D. (2005). On the Security of a Clipped Hopfield Neural Network Cryptosystem. *Proc. ACM Multimedia and Security Workshop (ACM2005)*, 71-75.

[55] Darwin, C.,(1859). On the origins of species by means of natural selection, *Murray*, London.

[56] Holland, J., (1972). Adaptation in natural and artificial systems, MIT Press, Cambridge.

[57] Goldberg, D.E.,(1989).Genetic algorithms in search, optimization, and machine learning, *Addison-Wesley Professional*.

[58] Brindle A., (1981). Genetic Algorithms for Function Optimization, PhD thesis, *University of Alberta*, Edmonton, Canada.

[59] Pearson, K. (1901). On Lines and Planes of Closest Fit to Systems of Points in Space. *Philosophical Magazine 2 (11)*: 559–572.

[60] De Jong, K.A. and Spears, W.M. (1992). A formal analysis of the role of multi-point crossover in genetic algorithms, *Annals of Mathematics and Artificial Intelligence*, Vol. 5, No. 1, 1-26.

O AUTORU

Dr Dubravko Ćulibrk je od 2007. godine docent Fakulteta tehničkih nauka, Univerziteta u Novom Sadu. Osnovne i magistarske studije je završio na istom fakultetu, dok je doktorat odbranio na *Florida Atlantic University* (FAU), u Boka Raton-u, S.A.D., 2006.

U okviru svoje dugogodišnje istraživačke karijere, Dr Ćulibrk Je učestvovao na velikom broju nacionalnih i internacionalnih projekata , u radu preko 30 naučnih konferencija i objavio značajan broj naučnih radova u domaćim i stranim časopisima.

Njegovi istraživački interesi leže u domenu inteligentne obrade informacija i uključuju oblasti multimedija, obrade slike i videa, računarske vizije, mašinskog učenja i otkrivanja znanja.

U momentu pisanja ovog teksta, Dr Ćulibrk je pri kraju svoga šestomesečnog stručnog usavršavanaj na FAU, u okviru FP7 projekta QoSTREAM, koji koordinira.

Više informacija o autoru možete naći na www.dubravkoculibrk.org.

www.ingramcontent.com/pod-product-compliance
Lightning Source LLC
LaVergne TN
LVHW012331060326
832902LV00011B/1835